2025·1 总93

中国税收季度报告

国家税务总局 编

China
Taxation
Quarterly Report

中国税务出版社

Contents 目录

■ 2025年 · 第1季度

纵深推进税务系统全面从严治党
引领保障中国式现代化税务实践行稳致远

贯彻落实全国两会精神

税收要论

税收要情

季度观察

数据发布

税费政策动态

税收政策及解读

图书在版编目（CIP）数据
中国税收季度报告. 2025. 1 / 国家税务总局编. 北京：中国税务出版社，2025. 4. -- ISBN 978-7-5678-1645-9
Ⅰ. F812.423
中国国家版本馆 CIP 数据核字第 2025B89X38 号

书　　名：中国税收季度报告（2025·1）
作　　者：国家税务总局　编
责任编辑：何　乐　王　玥
设计制作：李本洋
责任校对：姚浩晴
出版发行：中国税务出版社
地　　址：北京市丰台区广安路9号
国投财富广场1号楼11层
邮　　编：100055
网　　址：https://www.taxation.cn
投　　稿：https://www.taxation.cn/qt/zztg
印　　刷：北京天宇星印刷厂
规　　格：889毫米×1194毫米　1/16
印　　张：8.75
字　　数：217000字
版　　次：2025年4月第1版
2025年4月北京第1次印刷
书　　号：ISBN 978-7-5678-1645-9
定　　价：48.00元

目录

2025年·第1季度

局长视点

国际视野

曝光台

媒体聚焦

中国税收要事

政府工作报告：涉税内容有何看点？

2025 年全国两会完成各项议程，圆满落下帷幕。今年的政府工作报告呈现诸多政策亮点，围绕经济稳增长、扩内需、科技创新、高水平开放、民生保障等领域出台了一系列重要政策。其中，涉税内容再次成为代表委员热议的话题。

政府工作报告涉税内容，每年都是人们关注的热点之一。多位业内专家分析认为，今年政府工作报告涉税内容有诸多看点值得关注。

——税收优惠政策“要规范”。2023 年的政府工作报告指出，要对现行减税降费、退税缓税等措施，该延续的延续，该优化的优化；2024 年的政府工作报告提出，要落实好结构性减税降费政策，重点支持科技创新和制造业发展；今年的政府工作报告则强调，“规范税收优惠政策”。北京国家会计学院副院长、教授李旭红认为，我国的税收优惠政策导向正从普惠性优惠向结构性优惠转变，有助于构建更加公平统一的营商环境。

李旭红分析，随着中国经济进入新的发展阶段，单纯依靠普惠的税收减免来刺激经济增长，已难以满足高质量发展的需求。通过实施更具针对性的税收优惠政策，政府能够更有效地引导资源、资金流向特定领域或行业，促进产业结构优化升级。同时，结构性税收优惠对我国产业结构调整和经济高质量发展具有深远影响。例如，在绿色能源、高科技产业和先进制造业等领域，实施更为优惠的税收政策，可以加速这些新兴产业的成长，提高其在全球产业链中的位置，进而有助于解决我国经济发展不平衡不充分的问题，促进可持续发展目标的实现，推动整个国民经济的转型升级。

——财税体制改革更具体。2024 年政府工作报告明确提出，要谋划新一轮财税体制改革；党的二十届三中全会则明确提出，“要深化财税体制改革”；今年政府工作报告相较去年有更为细致的部署，具体包括“开展中央部门零基预算改革试点”“加快推进部分品目消费税征收环节后移并下划地方、增加地方自主财力”和“严控财政供养人员规模”等具体内容。

李旭红认为，从这些表述的变化看，我国财税体制改革正朝着更加精细化、科学化的方向推进。以“加快推进部分品目消费税征收环节后移并下划地方、增加地方自主财力”为例，这项改革能够拓宽税基，增加财政收入稳定性，通过合理的支出安排，更好地服务于公共事业和社会保障体系的完善。对企业而言，这项改革短期内可能影响企业经营成本，但从长远来看，随着财税体制改革的持续深入推进，这项改革还将有效促进产业结构优化升级，激发市场活力和社会创造力。还有专家认为，此举将进一步发挥税收调节作用，保障地方的财政汲取能力。

关于财税体制改革，中央经济工作会议明确提出，2025 年要实施更加积极的财政政策，统筹推进财税体制改革，增加地方自主财力。对此，中央财经大学校长马海涛曾撰文指出，财政是国家治理的基础和重要支柱，在全面深化改革的过程中，深化财税体制改革承载着优化资源配置、调动地方积极性、平衡区域发展等多重使命。统筹推进财税体制改革，应当把“进一步理顺中央与地方财政关系”作为逻辑起点，充分发挥中央的宏观调控功能，从税制体系、地方专项债券和预算支出等维度进行制度与政策的优化调整，为中国式现代化提供坚实的财力保障。

——民生保障作用更凸显。2023—2025 年，政府工作报告始终高度重视民生保障和就业，多次提及通过税收政策稳岗、促就业。2025 年政府工作报告明确指出，要加大保障和改善民生力度、更大力度稳定和扩大就业，实施重点领域、重点行业、城乡基层和中小微企业就业支持计划，用足用好稳岗返还、税费减免、就业补贴等政策。安徽财经大学财政与公共管理学院行政管理系副主任、副教授刘运青说，在稳就业和保民生的过程中，税收政策最直观的作用机理，就是通过支持经营主体健康发展来稳住就业岗位。当企业整体税费负担减轻，企业用于研发、生产、经营的现金流就会更加充裕，发展会更加稳健，吸纳重点群体就业的能力也会更强。

今年的政府工作报告还在大力提振消费、稳外贸稳外资等方面提出了一系列涉税举措。对此，安永（中国）企业咨询有限公司大中华区税收政策主管合伙人沈瑛华表示，在提振消费方面，通过完善免税店政策，有利于构建双循环下的消费回流机制，推动入境消费扩大。在稳外贸稳外资层面，一方面通过对最不发达国家产品全面给予“零关税”待遇，体现单边开放力度加大；另一方面通过自贸试验区提质增效、海南自由贸易港核心政策落地等举措，形成从自贸试验区到自由贸易港的递进式税收政策体系，为稳外资提供制度保障。“我们期待税收政策与财政、金融、产业等多方面宏观政策的有机结合，为我国经济在复杂环境下实现高质量发展提供有力支撑。”沈瑛华说。

（来源：《中国税务报》）

国家税务总局党委传达学习贯彻习近平总书记在全国两会期间的重要讲话精神和全国两会精神

2025 年 3 月 12 日，国家税务总局党委书记、局长胡静林主持召开党委（扩大）会议和党委理论学习中心组学习会议，传达学习贯彻习近平总书记在全国两会期间的重要讲话精神和全国两会精神，研究部署税务系统贯彻落实措施。

会议指出，今年是“十四五”规划收官之年，刚刚闭幕的全国两会，对凝聚全国各族人民智慧和力量，奋力实现全年经济社会发展目标任务，扎实推进高质量发展具有重要意义。习近平总书记在全国两会期间发表的一系列重要讲话，高屋建瓴、内涵深邃、博大精深，彰显了宏大的全局视野，饱含着深厚的为民情怀，为做好当前和今后一个时期工作提供了根本遵循。今年的政府工作报告全面总结了过去一年政府工作和经济社会发展取得的新进展，阐述了2025年我国经济社会发展的总体要求和政策取向，对2025年工作作出具体部署，求真务实、凝心聚力、催人奋进，为进一步做好税收工作指明了方向。

会议强调，各级税务机关要把学习贯彻习近平总书记重要讲话精神和全国两会精神作为当前一项重要政治任务，与深入学习贯彻党的二十届三中全会精神结合起来，与学习习近平总书记关于税收工作的重要论述和重要批示指示精神结合起来，切实把思想和行动统一到党中央决策部署上来，深刻领悟“两个确立”的决定性意义，增强“四个意识”、坚定“四个自信”、做到“两个维护”，自觉用党的创新理论武装头脑、指导实践、推动工作。

会议要求，全国税务系统要认真按照政府工作报告的部署安排，扎实抓好各项涉税工作任务落实落地落细，深入推进税务领域各项改革，有效激发各类经营主体活力，更好服务圆满完成全年经济社会发展目标。要积极发挥税务部门优势，立足职责、主动作为，助力破除地方保护、市场分割和综合整治“内卷式”竞争，为服务全国统一大市场建设、推动高质量发展贡献更大力量。会议还对税务部门做好两会建议提案办理工作进行了部署，要求从讲政治的高度，高标准高质量做好建议提案办理，充分吸纳和借鉴建议提案中的真知灼见，不断改进和提升各项税务工作。

税务总局领导班子成员参加会议，相关局领导结合参加全国两会和学习情况谈了心得体会并进行交流发言。中央纪委国家监委驻国家税务总局纪检监察组有关负责同志和税务总局机关各司局、直属单位主要负责同志列席会议。

国家税务总局高质量抓好全国两会建议提案办理工作

高质量办好每一件全国两会建议提案，是让“民意”真正落地见效的重要环节。2024年，国家税务总局坚持把高质量办理全国两会代表委员的建议提案，作为吸纳民意、汇集民智、践行和发展全过程人民民主的重要途径，作为自觉接受全国人大、全国政协民主监督的重要举措，积极协调对接，强化跟踪问效，努力向代表委员和人民群众交出满意答卷。

数据显示，2024年，税务总局共接收建议提案576件。目前，所有建议提案已全部按要求在规定时限内办理完毕，沟通协商率、按时办结率、代表委员满意率均达到100%。

层层部署，压实办理责任

税务总局党委高度重视建议提案办理工作。2024年全国两会闭幕后，税务总局党委主要负责同志第一时间主持召开党委会议，研究部署办理工作。按照党委会议部署，税务总局分管局领导及时组织召开专题会议，对建议提案从数量类型、涉税内容等方面进行多角度多维度梳理分析，全面掌握代表委员涉税建议提案的意见内容，划分出政策法规类、纳税服务类、税收征管类等8大类别，并在7个工作日内全部推送至责任司局进行办理。

为落实落细建议提案办理工作，税务总局结合工作实际修订完善了《2024年建议提案办理工作手册》，进一步明确办理要求、时间节点、办文格式、统计口径，并制定统一的办理流程和参考模板。同时，建立建议提案办理台账，充分发挥税务总局电子公文系统“建议提案办理模块”功能，时时跟踪，件件督办，确保承接一件、办好一件、销号一件。

时时商议，强化联络沟通

在建议提案答复办理过程中，税务总局采取“办前走访—办中协商—办后回访”的工作方法，加强与代表委员“面对面”沟通、“实打实”交流、“肩并肩”调研，坚持“走出去”听取意见、“请进来”说税话税，不断完善常态化沟通机制，在共商中凝聚共识，协同办好建议提案。

对税务总局主办的建议提案，税务总局积极与协（会）办单位提前联系、主动会商，充分吸收其意见建议；对税务总局协（会）办的建议提案或来函征求意见的建议，税务总局与牵头单位主动协商、做好配合。同时，税务总局各司局密切沟通协作，在起草复文前充分征求相关司局建议，确保答复内容专业、准确、全面。税务总局还通过主动拜访、邀请座谈、电话短信等形式，与代表委员深入沟通建议提案办理有关问题，增强办理工作的针对性和实效性。

在办结建议提案后，税务总局主动向代表委员赠送《中国税务报》《中国税务》等报刊资料，并邀请代表委员参加“税费服务体验师”“税企面对面”等活动。通过实地观摩、办税体验、座谈交流等方式，代表委员深入企业察实情、听民意，对采纳的意见建议的落实情况和效果进行评估，切身感受税务部门办理建议提案的良好态度和工作成效。

件件跟进，突出办理实效

一件件建议提案，紧贴税收热点，传递民生期待。税务总局充分吸纳代表委员的真知灼见，把建议提案办理转化为推动税收工作的硬招实招，在倾情服务各类经营主体、助推国家经济社会高质量发展中，进一步发挥税收保障财力、调控经济、调节分配的职能作用。

——*在服务国家重点发展战略方面*，全国人大代表、澳门潮属社团总会主席刘艺良提出了关于加强交流助力澳门完善税收法规、加强跨部门协作和促进税收信息交换的建议。2024年9月，广东省税务局、深圳市税务局与香港特别行政区税务局、澳门特别行政区财政局在香港签署《税收服务粤港澳大湾区建设四方合作备忘录》，为进一步推动粤港澳深税务领域服务规则衔接、协作机制对接奠定框架基础，更好服务我国高水平对外开放。

——*在推进企业科技创新方面*，代表委员对完善税收优惠政策支持企业科技创新的建议，反映了市场的广泛期待。税务总局联合相关部门编写《我国支持科技创新主要税费优惠政策指引》，制发《关于2024年度享受增值税加计抵减政策的先进制造业企业名单制定工作有关事项的通知》，助力加快实现高水平科技自立自强。2024年，现行支持科技创新和制造业发展的主要政策减税降费及退税超2.6万亿元，有效助力新质生产力加快发展。

——*在深入推进财税改革方面*，不少代表委员提出了关于推进税制改革的意见建议。一年来，税务总局通过邀请座谈授课、主动电话沟通等形式，向代表委员汇报情况、听取意见，并把相关建议作为税务领域改革的重要参考，将代表委员的关切有效转化为实际工作的成效。特别是税务总局先后推出一系列改革创新举措，初步构建起优化高效统一的税费征管体系，实现征纳成本明显降低、征管效能显著提升。

——在持续优化税收营商环境方面，“优化办税缴费服务”是不少代表委员在建议提案中关心的问题。税务总局聚焦办税缴费高频事项和突出问题，进一步创新服务举措，持续优化税收营商环境。一年来，税务总局围绕“高效办成一件事”，连续第 11 年开展“便民办税春风行动”，集成推出 4 个方面 11 项惠民利企服务举措；联合全国工商联第 4 年开展“春雨润苗”专项行动，推出 12 项服务措施，优化小微企业、个体工商户等小微经营主体发展环境；发布《关于进一步便利纳税人跨区迁移　服务全国统一大市场建设的通知》，进一步便利纳税人跨区迁移，促进区域要素资源自由流动，更好服务全国统一大市场建设。

2025 年全国两会召开在即，税务总局相关负责人表示，税务部门将坚持以习近平新时代中国特色社会主义思想为指导，全面贯彻落实党的二十大和二十届二中、三中全会精神，充分吸收和借鉴人大代表、政协委员的意见建议，聚焦重点改革任务，高水平推进效能税务建设，更好地应民所需、顺民所盼、达民所愿，以高质量做好建议提案办理工作助力中国式现代化税务实践行稳致远。

（来源：《中国税务报》）

专家视点

先易后难，多举措构建地方自主财力长效机制

马海涛

今年政府工作报告精准聚焦当前财税体制存在的地方财力与事权不匹配这一重点任务，围绕消费税改革、规范税收优惠政策与财源高质量建设等方面，为构建地方自主财力长效机制提供明确指引。这也将为新一轮财税体制改革纵深推进夯实基础。

增加地方自主财力，为事权改革奠定基础

笔者认为，地方财力与事权不匹配的问题主要体现在两方面。一是地方自主财力不足。二是事权与支出责任下移，加重地方财政负担。2016 年以来，中央与地方财政事权和支出责任划分改革积极推进，基本公共服务保障得到进一步强化，央地财政资源配置得到进一步优化，但仍存在共同事权占比较高，部分领域支出责任划分不明晰等问题，地方政府在公共教育、医疗卫生、社会保障等领域仍承担全国财政支出的主要份额。这可能使得部分地方政府通过隐性债务等非常规手段填补收支缺口，甚至形成“财政缺口—债务扩张—风险累积”的恶性循环。

本轮财税体制改革应从增加地方自主财力入手，为更深层次的改革打牢基础。理论上，破解央地财政失衡的治本之策在于重构事权划分体

系，即在明确政府间事权的基础上，界定各级政府支出责任，划分财政收入，再通过转移支付等手段调节上下级的财力余缺，补足地方政府履行事权存在的财力缺口，促使财力与事权相匹配。

现实中，改革面临双重约束：一方面，政府职能转型尚未完成。基本公共服务事权涉及多层级政府交叉管理，缺乏动态调整机制可能导致支出责任划分陷入“讨价还价”困局；另一方面，事权调整需与机构改革深度协同，既要考虑中央承担事权的能力与效率，又要避免地方产生政策执行偏差。相较之下，通过推进消费税改革、规范税收优惠、加强财源建设等举措充实地方财力，既能短期内缓解地方收支矛盾，又能为深层次事权和支出责任改革赢得缓冲空间，这种“先易后难”的改革路径，符合制度变迁的渐进性规律，也有助于在发展中逐步化解结构性矛盾。

从三方面发力，构建地方自主财力长效机制

深化财税体制改革是今年经济社会发展的重点工作任务。应从消费税改革、规范税收优惠政策、财源建设三个方面协同发力，着力构建地方自主财力长效机制，增强地方发展主动性和财政可持续性。

加快推进部分品目消费税征收环节后移并下划地方。通过重构消费税的税基归属和分配机制，可以使消费税与消费行为发生地的联系更加密切。这也有利于增强地方自主财力，优化中央与地方的财力分配格局。

笔者建议改革的具体实施路径可以包括：一是选取部分品目进行试点，如一些消费属性强、税源易追溯的品目可先行后移；加快建立全国统一商品溯源大数据平台，提升税收征管能力。二是制定过渡方案，试点后逐步推广，确保生产环节已缴税款实行抵扣，避免重复征税加重企业负担，对产业结构单一、转型压力大的地区给予差异化补偿。三是加强监管，防止地区间恶性竞争，打击虚开发票、跨区套利等违规违法行为，维护市场秩序。

规范税收优惠政策。规范税收优惠政策将有助于提升税收治理现代化水平。笔者建议改革的具体实施路径可以包括：一是建立动态公开的税收优惠政策清单，适配科技创新、绿色转型等国家重大战略领域，清理地方自行制定的税收减免，严禁清单外变相优惠政策。二是完善政策监管机制，地方出台税收优惠政策需开展财政承受力评估，并报省级或中央政府备案审查。三是开展税收优惠政策绩效评估，对已实施的税收优惠政策开展成本收益分析，取消低效、重复性政策。

促进地方在高质量发展中培育财源。地方政府应围绕数字经济发展、绿色低碳转型等重大战略发展需求培育财源。

笔者建议改革的具体实施路径可以包括：一是鼓励地方政府基于禀赋优势，制定重点产业培育目录，建立产业和税源的联动发展机制。二是完善跨区域财源共享体系，建立东中西部产业协作税收共享平台，破解欠发达地区产业承接瓶颈，实现地区间均衡发展。三是健全地方财源管理体系，建立新兴产业动态监测系统，防止重复、低效建设造成浪费。

（作者单位：中央财经大学）

聚焦高质量发展主线　规范税收优惠政策

黄立新　朱　懿

今年政府工作报告提出，重点抓好提振消费、发展新质生产力等十方面经济社会发展任务，同时在“推动标志性改革举措加快落地，更好发挥经济体制改革牵引作用”这项工作任务中明确提出“深化财税金融体制改革”“规范税收优惠政策”等，凸显了税收在国家治理体系现代化中的重要意义。与十项重点工作任务相对应，现行税收优惠政策在提振消费、科技创新、民生保障、绿色转型与区域协调发展等领域成效显著，今后规范税收优惠政策也应紧密围绕这些领域展开，以更好助力高质量发展。

提振消费与扩大内需。提振消费与扩大内需是今年政府工作报告部署的首要工作任务，结合“安排超长期特别国债3000亿元支持消费品以旧换新”“完善免税店政策，推动扩大入境消费”等举措，可通过提高子女教育、赡养老人等专项附加扣除标准，直接减轻中低收入群体负担，释放消费潜力；加大对小微企业、个体工商户的扶持力度，如减免增值税等，降低经营成本，稳定就业，间接提高居民收入，进而扩大消费。

强化科技创新支撑。政府工作报告提出“因地制宜发展新质生产力”，税收优惠政策应聚焦实施创新驱动发展战略和促进实体经济发展等改革任务，继续完善和落实好研发费用加计扣除、高新技术企业减按15%税率征收企业所得税、先进制造业企业增值税加计抵减和留抵退税等政策。

兜牢民生保障底线。政府工作报告提出“更大力度稳定和扩大就业”“用足用好稳岗返还、税费减免、就业补贴等政策”。民生领域相关税收优惠政策应重点体现在稳步提高公共服务和社会保障水平方面，如延续对公租房建设及运营的城镇土地使用税、土地增值税等税收减免；加大对医疗与养老等公共服务机构的税费扶持力度；延续对小微企业、个体工商户的增值税减免等。

推动绿色低碳转型。政府工作报告提出“加快发展绿色低碳经济”，应继续落实好对新能源汽车的车辆购置税和车船税减免、对再生能源如风力和光伏发电项目的增值税即征即退、对污水处理和垃圾处理劳务的增值税即征即退等。

促进区域协调发展。政府工作报告提出“深入实施西部大开发、东北全面振兴、中部地区加快崛起、东部地区加快推进现代化等战略”，区域税收政策应重点支持引导产业梯度转移，如继续落实好对设在西部地区的鼓励类产业企业减按15%的税率征收企业所得税，以吸引产业向西部地区转移；对企业向脱贫地区无偿捐赠货物的行为免征增值税等，为乡村振兴注入动能。

具体来看，税收优惠政策可进一步向绿色服务和产品倾斜，增强居民消费意愿，巩固内需增长基础；根据产业升级需求，动态调整政策工具箱，适时将人工智能、6G等未来产业纳入优惠范围；将短期减税与长期税制改革结合，如推进消费税征收环节后移并稳步下划地方改革、完善绿色税制等，建立长效激励机制，形成高质量发展内生动力；完善跨区域税收协调机制，加大对欠发达地区的政策支持力度，并通过动态评估确保政策精准性与可持续性，为构建全国统一大市场提供制度保障。

（作者单位：国家税务总局税收科学研究所）

守法合规经营：民营企业行稳致远的“必修课”
——全国两会代表委员共议民营企业高质量发展之道

习近平总书记在民营企业座谈会上强调，民营企业要坚持诚信守法经营，健全风险防范机制，以实际行动促进民营经济健康发展。

“守法合规经营”已然成为了企业高质量发展的“必修课”。《中国民营企业社会责任报告（2024）》显示，调研企业中逾83%的民营企业已建立合规管理体系。近日，记者走访广东、宁夏、浙江、安徽多地民营企业，对话全国人大代表、政协委员，探寻合规经营如何成为民营企业行稳致远的共同选择。

“合规基因”融入企业发展全过程

2024年12月21日，民营经济促进法草案提请十四届全国人大常委会初次审议。该法将填补我国民营经济领域专门立法的空白，既鼓励支持民营经济发展壮大，又注重加强规范引导，力促民营经济健康发展。

合规，越来越成为民营企业的“必答题”。对于扎根广东省县域的中小企业而言，合规经营往往意味着“规范发展”的质变。全国人大代表、阳春市中雁生态农业有限公司负责人谢汝朋对此感触颇深：“合规经营既是要求，也是生产力。”

如今，中雁生态也实现了从小规模纳税人到一般纳税人的“身份”转变，建立起了购销合同审查、发票台账追踪、税务风险自查等内控机制，将风险防控前置到业务源头。“税务干部带着《涉农企业合规指南》上门，帮助我们提升涉税合规管理水平，辅导企业依法依规适用税费政策，40多万元税收优惠直接投入生产建设和设备更新。”谢汝朋说，公司年产值从90万元跃升至2000多万元，产品覆盖粤港澳大湾区600多家商超和生鲜门店。包括税费优惠在内的多方面政策有效激发了民营经营主体活力，税收数据显示，2024年民营经济销售收入增速比全国企业平均水平高0.5个百分点。

这样的蜕变正在更多中小微企业中上演。税务部门依托税收大数据，建立“及时提醒—达标辅导—内控贯通”管理链条。

全国人大代表、广东省南雄市农家妹种养家庭农场有限公司董事长刘炳说：“合规管理是一个动态的过程，我们也会参加税务部门定期组织的线下专题培训，并借助‘涉税合规辅导机制’，从发票管理、成本核算到财务报表编制各环节优化合规管理，发展根基更稳了。”刘炳表示，公司规范经营、稳健发展，扩大规模的同时向品牌化、数字化升级。

国家税务总局纳税服务司负责人介绍，2024年税务部门持续健全“税企面对面”常态化交流机制，建立民营经营主体直联点，全方位收集、高效率解决税费诉求；持续开展“春雨润苗”专项行动、“中小企业服务月”和“全国个体工商户服务月”活动，累计组织开展宣传辅导活动7万余场次，惠及小微经营主体1039万户次，组织“走流程　听建议”活动

4000余场次，收集响应个体工商户诉求3.8万余条。

“税企协同”防范化解涉税风险

在企业发展过程中，单靠自身力量和被动防御很难全面防范化解涉税风险，更需要与税务部门联防共治，将税务合规融入企业生产经营全过程，进而共同建设市场化、法治化、国际化的营商环境。

广东亚北农副产品有限公司冷链仓库内，工人们正将一批食用菌装箱发往海外。这家近年来以多个“零的突破”助力当地农产品走向世界的民营企业，刚完成《税收遵从合作协议》履约评估。“我们与税务部门共同梳理从种植到出口的风险点，搭建‘业务—财务—税务’联动内控体系，将税务合规深度嵌入经营全链条。”全国人大代表、广东亚北农副产品有限公司董事长黄秀芬打开电脑，销售数据和出口退税数据格外醒目，她建议更多企业用风险联防的确定性应对市场的不确定性。

在宁夏，从13年前的“小公寓”发展到现在国内对阿图书出口的龙头民营企业，全国人大代表张时荣带领的智慧宫国际文化传播集团有限公司业务遍布沙特、阿联酋、埃及、卡塔尔等22个阿拉伯和8个中亚、东南亚等国家地区。“在企业最需要的时候，税务部门开通了‘税路通一带一路’服务专窗，通过‘政策包+专家团’模式，为企业量身定制国别税收指南，化解跨境投资中的重复征税风险，使我们‘文化出海’的路越走越顺畅。”张时荣介绍。

不断壮大的民营企业，已成为外贸发展的中坚力量。海关总署数据显示，2024年，我国民营企业进出口24.33万亿元，同比增长8.8%，占我国外贸总值的比重继续提升至55.5%。

“信用赋能”助力企业行稳致远

当纳税信用从义务履行凭证演变为数字经济时代的“信用资产”，企业发展的底层逻辑正在发生深刻变革。

全国政协委员、宁波江丰电子材料股份有限公司董事长姚力军介绍，江丰电子用了8年时间实现盈利、12年成功上市。“依法纳税不仅有助于国家财政收入的稳定增长，为国家的公共事业和社会发展提供支持，还能为企业营造公平竞争的市场环境。”姚力军说，财务合规是企业稳健发展的基石，是企业长治久安的保障。规范的财务管理让企业准确把握自身经营状况，增强投资者与合作伙伴的信任，良好的纳税信用为融资、上市铺平道路。

当信用“含金量”越来越高，更多企业开始主动将合规转化为市场竞争力，不断擦亮“纳税信用”这块“金字招牌”。全国纳税信用年度评价结果显示，2024年全国守信纳税人达4127万户，比2023年增加378万户，其中纳税信用最高等级A级纳税人数量近335万户，比2023年增加45.6万户，诚信纳税企业数量稳步增长。

信用价值的裂变效应在科技型民营企业更为显著。全国政协委员、合肥合锻智能制造股份有限公司董事长严建文介绍：“公司近两年来享受了研发费用加计扣除等税费优惠政策，以合规‘反哺’创新，合锻智能自主研发的多项高端设备在航空航天、轨道交通、大型锻造、核电、汽车等多领域都得到广泛应用。”严建文表示，税务部门利用税收大数据对企业合规情况进行风险扫描，帮助企业及时享受税费优惠、纠正政策执行偏差、规范税费申报，让企业“诚”风而上，集中精力搞科研。

2024年，税务部门借助征纳互动服务，完善纳税信用提示提醒机制，及时提示纳税人纠正失信行为，共帮助1300万户纳税人实现纳税信用修复或升级。

合规之道，执则行远。代表委员们普遍认为，民营企业需将合规内化为发展基因：中小企业需借力税务部门“育苗扶壮”，规模企业要构建业财税一体化风控体系，出海企业则须掌握国际税收规则。当合规经营从“要我守规”转向“我要规范”，当税企共治从“单点突破”升级为“生态共建”，民营企业定能在高质量发展的航道上行稳致远。

（来源：《中国税务报》）

两会声音

要加大对重点领域、重点行业、城乡基层和中小微企业的就业支持力度，落实稳岗返还、税收优惠、就业补贴等政策，促进工资性收入合理增长，拓宽财产性收入渠道，从而为持续提升消费意愿夯实基础。在供给侧，各地应该立足自身资源优势，大力发展绿色食品、文化旅游等特色产业，以优质供给引领消费提质升级。

——全国人大代表、宁夏吴忠市委书记王学军

为了与封关后零关税政策目标相衔接，海南离岛免税新增了即购即提、担保即提的提货方式，既方便消费者，又惠及经营主体。封关后，适用零关税的商品种类将大大增加，优惠税率等政策也将优化升级。要科学谋划封关前后的改革开放和高质量发展，不断推进更高水平的对外开放。

——全国人大代表、海南省委自贸港工委办副主任蔡强

政府工作报告里的诸多“民生红包”，旨在从提升消费能力、夯实消费底气、优化消费环境等多方面发力，扩大有支付能力的消费需求。比如，今年安排超长期特别国债3000亿元支持消费品以旧换新，既能激活存量市场，又可给予消费者切实的优惠。同时，多渠道促进居民增收、减税降费、织密社会保障网等形成合力，实现收入增长、消费提振与民生改善的同频共振。

——全国政协委员、内蒙古财经大学校长金桩

建议加大财政支持力度，培育社区养老服务机构。鼓励和引导企业参与养老机构建设运营，对符合条件的养老服务机构，落实税收减免优惠等政策支持。加强职业培训，设立养老护理员岗位补贴，完善职称评定体系，吸引专业人才。

——全国政协委员、辽宁大学副校长李宇鹏

打造一流营商环境应更加关注经营主体需求和期盼。推动政务服务更加高效便捷，让企业注册、迁移、工程项目建设更顺畅。推动法治建设更加规范透明，清理规范行政检查事项。完善要素市场制度和规则，不断降低制度性交易成本、生产要素成本、市场交易成本。

——全国人大代表，沈阳市委副书记、市长吕志成

去年以来，一揽子增量政策和存量政策落地显效。今年政府工作报告首次提出“更加积极的财政政策”，一般公共预算支出规模29.7万亿元，比上年增加1.2万亿元，还提出经济政策的着力点更多转向惠民生、促消费，传递出积极信号，有助于畅通经济循环。

——全国政协委员、中国社会科学院经济研究所研究员黄群慧

科技创新只有落到产业上，才能将科技成果转化为现实生产力。要培养一支兼具科学家

素养和企业家精神的人才队伍，为他们提供经费等支持。同时，各级部门需要进一步全面深化改革，完善产权保护、公平竞争等制度，优化民营经济发展环境，让高科技企业科技成果转化更顺畅。

——全国政协委员、良渚实验室常务副主任欧阳宏伟

建议在城市依托智慧社区建设，发展社区嵌入式养老，为老年人提供上门清洗、助浴、助餐、医疗等服务，实现城市居家养老服务一体化。在农村依托数字乡村建设，设立村级养老服务站，通过邻里互助、配送资源共享等方式，健全乡村养老体系。

——全国人大代表、中国移动辽宁公司总经理刘宏志

新材料产业项目环评审批环节存在一些亟待解决的问题。例如，行业界定不够清晰、产业划分不够合理、环评程序不够完善等。建议通过编制出台行业指导名录、合理划分新材料产业链、简化环评审批流程等有效措施，支持新材料产业快速发展。

——全国人大代表、中国石化金陵石化执行董事张春生

对于民营企业，特别是民营科技企业来说，稳定可预期的法治环境和营商环境是企业发展的重要基石。其中，有效解决民营企业融资难融资贵问题是改善营商环境的重要一环。建议进一步拓宽企业融资渠道，发挥资本市场作用，以更大力度支持民营科技企业在不同发展阶段的融资需求，激发社会资本创新投资活力，充分发挥科技创新支撑作用。

——全国人大代表、广州迈普再生医学科技股份有限公司董事长袁玉宇

建立困难企业认定工作机制，由中小微企业服务部门牵头，税务、市场监管等部门进行综合研判，形成认定标准和认定程序指导意见，最终由企业属地政府确认困难企业。同时，省级社保部门加强对州市的政策指导，建立清缴绿色通道，进一步细化和完善企业养老保险欠费的处理规定，为实际业务操作提供更明确的依据，真正让惠企利民政策既“开花”又“结果”。

——全国政协委员、民建云南省普洱市委会专职副主委黄玮

抓好抓实帮扶工作，首先要落实好扶持政策，一揽子兑现稳岗返还、职业培训、就业补贴等惠企惠民就业创业政策，针对重点群体加强一对一就业创业帮扶。其次，应完善公共就业服务体系，依托“家门口的务工车间”、就业帮扶车间等平台建设，促进农村劳动力就地就近就业。

——全国政协委员、云南省文山州政协副主席侯桂芬

建议国家通过优化服务举措，继续加大对企业的法律支持力度，提供更加精准、高效的法律服务，支持具有地方产业特色的中小企业做大做强。

——全国人大代表、西藏藏缘青稞科技有限公司车间主任拉琼

（来源：《中国税务报》）

纵深推进税务系统全面从严治党 引领保障中国式现代化税务实践行稳致远

□ 国家税务总局党委书记、局长　胡静林

税务总局党委始终坚持以习近平新时代中国特色社会主义思想为指导，深入学习贯彻习近平总书记关于党的建设的重要思想、关于党的自我革命的重要思想，深刻领悟“两个确立”的决定性意义，坚决做到“两个维护”，切实扛牢管党治党政治责任，忠诚履职、担当尽责，持之以恒纵深推进税务系统全面从严治党，引领保障高质量推进中国式现代化税务实践行稳致远。

一、坚持严的基调，税务系统全面从严治党工作取得新进展

深入学习贯彻习近平新时代中国特色社会主义思想，坚决落实党中央决策部署，坚持严的基调不动摇，扎实推进税务系统全面从严治党各项工作向前迈进。

（一）政治机关建设深入推进。坚持把党的政治建设摆在首位，坚决落实垂直管理要求。深入开展党纪学习教育。建立健全“五抓五聚焦”工作机制，通过党委带头集中学、党支部“三会一课”组织常态学、全体党员干部自觉研讨学等方式，原原本本学习纪律处分条例。召开警示教育会，落实分层分类常态化警示教育机制，引导党员干部学纪知纪明纪守纪。持续强化垂直管理。认真学习贯彻习近平总书记关于税收工作的重要指示批示精神，健全闭环工作机制，推动各级税务部门旗帜鲜明讲政治、心领神会抓落实。特别是以开展违规招商引资涉税问题专项治理为抓手，明确提出“三个不得”（不得出谋划策、不得参与配合、不得知情不报）纪律要求，并严抓督促落实，带动全系统进一步落实垂直管理要求，自觉当好拱卫党中央权威的坚强卫士。切实加强政治监督。对标中央巡视要求，对 17 个省级税务局党委开展常规巡视。指导省级以下税务局党委进一步加强和改进巡察工作，完善拓展“以数促巡”，探索开展“政治画像”，强化巡视巡察成果运用，有效彰显利剑作用。

（二）党建高质量发展深入推进。深入学习领会习近平总书记“7・9”重要讲话和“7・29”重要指示精神，召开全国税务系统党建工作会议作出部署并狠抓落实，持续推动党建高质量发展。进一步抓好基层党组织建设。加强基层党组织标准化规范化建设，规范和优化党支部设置，健全派出机构基层党组织设置，进一步完善组织体系。

部署“四强”党支部创建和“四好”党员推荐工作，推介一批省局党委书记抓基层党组织建设重点项目，促进基层党组织“两功能一作用”不断增强。进一步发挥先进典型激励作用。深入开展向张志刚同志学习活动，激励全系统汲取榜样力量、勇担职责使命。联合人力社会资源保障部开展全国税务系统先进集体和先进工作者表彰，有效激发税务干部对标先进、兴税强税的使命感和创造力。进一步提升共青团和青年工作质效。坚持党建带团建，制定推进团支部标准化规范化建设的若干措施，启动实施税务系统“青马工程”千人计划，充分发挥青年突击队、青年文明号作用，引领广大团员青年建功新时代。

（三）扛牢压实责任深入推进。坚决扛牢管党治党政治责任，推动税务系统全面从严治党责任层层传导、有力压实。落实“两个责任”贯通更加协同。税务总局党委联合驻税务总局纪检监察组召开专题会商会，制发落实纪检监察建议办理工作机制指引，推动意见建议落地落细。全覆盖开展落实全面从严治党主体责任监督调研，督促支持各地税务局党委纪检组切实履行协助职责和监督责任。抓实“关键少数”监督更加有力。落实落细加强对“一把手”和领导班子监督的意见，税务总局领导班子成员针对巡视、审计等指出的问题，开展全覆盖廉政谈话。制定落实机关党建主体责任清单，抓实各级税务局“一把手”述责述廉和抓党建述职评议考核，示范带动“关键少数”更好履行管党治党责任。推进一体化综合监督体系更加完善。制定进一步加强派出机构监督、特派办监督工作的制度措施，优化派出机构党组织体系和监督力量配备。试行督察内审发现揭示重大问题积分机制，逐步升级智慧监督并在全系统扩围上线，有力推动监督如影随形、贯通增效。

（四）正风肃纪反腐深入推进。坚持反腐惩恶不松劲，持之以恒纠“四风”树新风。切实加强执纪办案。旗帜鲜明支持各级税务局纪检机构执纪办案，推动税务系统省级以下单位开展涉嫌职务犯罪案件管辖和监察措施使用改革试点，进一步加大执纪办案力度、提升能力水平。持续加强作风建设。紧盯重要节假日等关键时间节点，常态化开展监督检查，坚决查处违反中央八项规定精神问题。认真落实《整治形式主义为基层减负若干规定》，切实纠治基层反映强烈的突出问题。深入开展集中整治。聚焦个别人员“吃拿卡要”、违规风险应对、与不良涉税中介勾连勾兑等问题，扎实推进群众身边不正之风和腐败问题集中整治，有力推动全面从严治党不断向基层延伸、向群众身边延伸。

二、以更强决心更大力度推动税务系统全面从严治党向纵深发展

习近平总书记在二十届中央纪委四次全会上发表重要讲话，深刻分析当前反腐败斗争形势，精准把握反腐败斗争基本规律，对坚决打好反腐败斗争攻坚战、持久战、总体战提出明确要求，对深入推进全面从严治党作出战略部署。税务部门必须对标对表习近平总书记重要讲话精神，进一步发扬自我革命精神，采取坚决有力举措，着力建强政治机关，不断夯实基层基础，深入推进全面从严治党与全面从严治税有机贯通，确保习近平总书记重要讲话精神和中央纪委四次全会部署在税务系统落实落地、见行见效。

（一）在清醒认识形势直面问题中，进一步增强纵深推进税务系统全面从严治党的政治定力。习近平总书记指出，当前反腐败斗争形势仍然严峻复杂。腐败存量尚未清除，增量还在持续发生，铲除腐败滋生土壤和条件任务仍然艰巨繁重。近年来，税务系统反腐败力度不断加大，但全面从严治党工作仍然有短板和不足。务必对税务系统全面从严治党依然严峻复杂的形势保持异常清醒的认识，务必对铲除腐败滋生土壤和条件的艰巨性保持异常清醒的认识，务必以一步不停歇、半步不退让的韧劲和定力，深入推进税务系

统全面从严治党。

（二）在建强政治机关夯实基层基础中，进一步筑牢与党中央保持高度一致的政治忠诚。习近平总书记指出，“基层是党的执政之基、力量之源”，“基层是一切工作的落脚点”。税务部门作为垂直管理单位，绝大部分干部工作在基层，绝大部分任务落实在基层，必须进一步把旗帜鲜明讲政治摆在更加突出的位置，持之以恒抓基层打基础，确保习近平总书记重要指示批示精神和党中央决策部署扎实落地。必须进一步深化政治机关建设，抓实党的创新理论武装，教育引导广大党员干部不断锤炼党性修养、自觉强化担当意识，把加强党对税务工作的全面领导落到实处；进一步树立大抓基层的鲜明导向，持续增强基层党组织政治功能、组织功能，更好发挥教育管理监督作用，推动各级党员干部尽职尽责；进一步发挥好党支部战斗堡垒作用和党员先锋模范作用，在围绕中心、服务大局中打头阵、挑重担，切实推动基层党组织全面进步、全面过硬。

（三）在常态长效加强党的纪律建设中，进一步提升遵规守纪、干事创业的政治自觉。习近平总书记强调，加强党的纪律建设是一项经常性工作，要引导党员、干部把他律转化为自律，内化为日用而不觉的言行准则。必须巩固深化党纪学习教育成果，建立常态化长效化的纪律教育机制，使纪律教育贯穿于干部成长全周期、融入组织管理全过程；必须严格执行党的纪律，坚持执纪必严、违纪必究，对违纪行为发现一起查处一起，真正让纪律“长牙”“带电”“生威”；必须准确运用“四种形态”，把从严管理监督和鼓励担当作为统一起来，激励广大税务干部在遵规守纪中大胆改革创新、放手干事创业。

（四）在深入实施税费征管“强基工程”中，进一步强化推进全面从严治党与全面从严治税有机贯通的政治担当。习近平总书记强调，要围绕中心抓党建、抓好党建促业务，使各项举措在部署上相互配合、在实施中相互促进，并在中央纪委四次全会上强调要持续推动全面从严治党向基层延伸。税费征管“强基工程”既是打造效能税务的重要抓手，也是推进党建和业务深度融合、全面从严治党与全面从严治税有机贯通、全面从严治党向基层延伸的有力举措。必须准确把握全面从严治党与全面从严治税有机贯通的深层次逻辑，切实把实施税费征管“强基工程”与推进全面从严治党各项工作紧密结合起来。特别是要与推进发票管理、出口退税、信息化建设等重点领域顽瘴痼疾的专项整治紧密结合起来，通过严肃查处违规违纪行为、强化警示震慑，深入推进“不敢腐”；通过压实征管责任、夯实征管基础、健全严管体系，深入推进“不能腐”；通过增强广大税务干部的党性修养、思想觉悟，深入推进“不想腐”，实现“抓业务”与“管队伍”的有机统一、贯通互促。

三、落实严的举措，倾力做好税务系统全面从严治党工作

税务总局党委将全面贯彻落实党的二十大和二十届二中、三中全会精神以及中央纪委四次全会精神，坚持用改革精神和严的标准管党治党，以实施数字化转型条件下的税费征管“强基工程”为抓手，以深入开展群众身边不正之风和腐败问题集中整治为重点，着力建强政治机关、夯实基层基础、落实管党治党政治责任、健全全面从严治党体系，持续深化全面从严治党与全面从严治税有机贯通，一体推进正风肃纪反腐，以全面从严治党新成效为高水平建设效能税务、高质量推进中国式现代化税务实践提供坚强保障。

（一）深学细悟习近平新时代中国特色社会主义思想，切实增强深刻领悟“两个确立”的决定性意义、坚决做到“两个维护”的思想和行动自觉。持续强化党的创新理论武装。及时跟进学习习近平总书记最新重要讲话特别是关于税收工

作的重要论述和重要指示批示精神，坚持不懈用党的创新理论武装头脑、指导实践、推动工作。深入学习贯彻习近平总书记“7·9”重要讲话和“7·29”重要指示精神，进一步深化政治机关意识教育和对党忠诚教育。持续深化党纪学习教育。深入落实《关于推进党纪学习教育常态化长效化的意见》，将“一把手”讲纪律党课等做法固化为制度安排并长期坚持，强化对“一把手”、年轻干部、新提拔干部等重点群体纪律教育培训，进一步提升常态化警示教育针对性和实效性。持续深入抓好中央巡视整改。坚决扛牢压实巡视整改政治责任，紧盯集中整改期后半段各项重点任务，以重点带全面、以机关带系统，推动各责任主体同向发力，确保各项整改任务改到位改彻底。

（二）深入推进政治监督具体化、精准化、常态化，全力保障党中央决策部署落实落地。加强对“第一要事”落实情况的监督。持续将贯彻习近平总书记重要指示批示精神作为“第一要事”盯紧抓牢，坚持和完善抓落实闭环工作机制，对打折扣、搞变通、不作为甚至背道而驰的，敢于较真碰硬、严肃追责问责。加强对深化税务领域改革事项的监督。紧紧围绕党的二十届三中全会改革部署，强化督促检查，层层压实责任，推动涉税改革有力有序实施。坚持政治巡视定位，有力有效组织开展巡视，加强对省、市两级巡察工作指导，将税务领域改革事项纳入重点监督范围，以巡视巡察的严肃性切实提升改革落实的实效性。加强对“关键少数”的监督。严格落实和改进专题会商、监督谈话、纪检组组长季度履责报告、经济责任审计等制度，重点加强对“关键少数”履行管党治党责任情况的监督。加强违纪违法典型案例通报和剖析，督促引导各级领导干部特别是“一把手”严于律己、严负其责、严管所辖。

（三）坚决扛牢管党治党政治责任，进一步推动党建工作高质量发展。压紧压实责任链条。牢牢牵住责任制这个“牛鼻子”，进一步落实落细述责述廉、考核考评等制度机制，有力推动各责任主体知责、担责、履责，对失职失责精准科学问责。持续强化党建引领。制定落实党建工作“垂管为主”责任、凝聚“齐抓共管”合力的若干措施，健全完善垂管为主、地方配合、各负其责、齐抓共管的党建工作机制。制定深化党建领域强基固本的具体措施，有力引领保障税费征管“强基工程”扎实推进、取得实效。切实发挥基层党组织“两功能一作用”。制定进一步深化主题党日、完善“纪检委员时间”制度的工作指引，积极选树先进典型，进一步引导激励广大党员和基层党支部立足岗位、争创一流。

（四）健全完善一体化综合监督体系，着力推进监督全面覆盖、如影随形。促进各类监督贯通协同。认真贯彻党的二十届三中全会关于完善垂直管理单位纪检监察体制的改革部署，深入推进税务系统省级以下单位涉嫌职务犯罪案件管辖和监察措施使用改革试点工作。推动纪检专责监督与督审监督、巡视监督、职能监督贯通联动、协同发力。狠抓监督向基层延伸。落实落细加强派出机构监督工作意见和进一步加强特派办监督工作的若干措施，完善配套机制，加强监督力量统筹使用，持续提高基层监督能力水平，推动监督有形有效全覆盖。强化智慧监督赋能增效。积极推进智慧（大数据）监督建设，一体防治税收风险、执法风险、廉政风险，以科技手段着力破解基层“熟人社会”监督难题。

（五）坚持风腐同查同治，坚决打好反腐败斗争攻坚战、持久战、总体战。旗帜鲜明支持执纪办案。保持惩治腐败高压态势，坚决支持纪检机构依纪依法查办案件，坚持风腐同查同治，以“同查”严惩风腐交织问题，以“同治”铲除风腐共性根源。始终紧盯重点领域、重点岗位、重点环节，深化“一案双查”、推进“双向倒查”，并对涉税中介违规违法行为实行“有案同查”，进一步加大执纪办案力度，坚决清除系统性腐败风险隐患。深入开展集中整治。结合落实中央巡视整改，继续深化开展税务人员违规风险应对、与不良涉税中介勾连勾兑问题专项整治，并在发票管理、出口退税、信息化建设、土地增值税清算、税务稽查等领域开展专项整治，持续深入推进税务系统群众身边不正之风和腐败问题集中整治。深入落实《整治形式主义为基层减负若干规定》，加强典型问题核查通报，持续为基层松绑减负，让基层干部有更多精力抓落实。强化警示教育深化以案促改促治。强化典型案件剖析，开发好运用好警示教育案例课程，用身边事教育身边人，并深入查找案件背后的深层次问题，进一步补齐制度机制短板，更好发挥查处一案、警示一片、治理一域的综合效应。

守正创新　强基固本
高质量推进中国式现代化税务实践行稳致远
——全国税务工作会议在北京召开

2025 年 1 月 15 日—16 日，全国税务工作会议在北京召开。会议以习近平新时代中国特色社会主义思想为指导，深入贯彻党的二十大和二十届二中、三中全会精神，认真落实中央经济工作会议部署，总结 2024 年税务工作，分析当前工作形势，部署 2025 年重点任务。国家税务总局党委书记、局长胡静林作工作报告。

会议指出，2024 年全国税务系统坚决贯彻落实习近平总书记关于税收工作的重要论述和重要指示批示精神，以深化政治机关建设为统领，深入开展党纪学习教育，自觉接受中央巡视，认真抓好巡视整改，一体推进依法治税、以数治税、从严治税，着力建设效能税务，高质量推进中国式现代化税务实践迈出坚实步伐。在深入推进依法治税中，坚持依法依规征税收费，坚决不收“过头税费”，全年组织税费收入占国家财政预算“四本账”的比重超过 80%；积极落实税收优惠政策，现行支持科技创新和制造业发展的主要政策全年减税降费及退税超 2.5 万亿元，有效助力新质生产力加快发展；扎实开展违规招商引资涉税问题专项治理，有力服务全国统一大市场建设；大力推广资源回收企业向出售废旧物品的自然人“反向开票”措施，全年累计实现“反向开票”185 万份，有力支持“两新”政策落地；依托八部门常态化打击涉税违法犯罪行为机制，开展“联合利剑 2024”专项行动，抓捕犯罪分子 7637 人，476 名犯罪嫌疑人主动投案，有效维护法治公平的税收营商环境。在深入推进以数治税中，正式推广应用全面数字化的电子发票，税务数字化转型向前迈进了一大步；扎实推进与多个部门的常态化数据共享，税收大数据体系持续优化；在全国上线统一规范的新电子税务局，创新拓展智能服务场景，实现 96% 的办税缴费事项网上办，线下办税人数同比下降 26%，纳税人平均办税时间缩短 20%，有力推进“高效办成一件事”。在深入推进从严治税中，坚持对违纪违法行为零容忍，在全系统上线运行“智慧监督”，狠抓纠“四风”树新风，深入推进“一案双查”“双向倒查”和对涉税中介违法违规行为“有案同查”。坚持严管与厚爱相结合，优化干部选任机制，深化落实人才兴税战略，激励广大税务干部担当作为。同时，深度参与国际税收治理，积极加强多边税收合作平台建设，完善“一带一路”税收征管合作机制，理事会成员增加至 37 个国家或地区，税收合作“朋友圈”不断扩大。

会议强调，高质量推进中国式现代化税务实践、高水平建设效能税务，要做到“凝心铸魂”行有所向，坚持不懈用党的创新理论指导和推进实践，在正确处理守正与创新的关系、经济与税收的关系、法治公平与发展效率的关系、全局利益与局部利益的关系中明方向、强定力，推动党的税务事业始终沿着正确道路奋勇向前；要做到“脚踏实地”行稳致远，深入实施数字化转型条件下的税费征管“强基工程”，以全面优化纳税申报管理为切入口，积极构建征管新模式，以有效加强重点领域监管为着力点，扎实构建监管新机制，在坚持稳中求进、税费一体、因地制宜、联动协同中，加强与深化政治机关建设、深化中央巡视整改、深化税务领域改革、深化全面从严治党的统筹推进，争取用三年左右时间，推动税费征管基础全面夯实，并以此为抓手促进效能税务建设迈向更高水平。

会议要求，2025年全国税务系统要坚持以习近平新时代中国特色社会主义思想为指导，深入贯彻党的二十大和二十届二中、三中全会精神，认真落实中央经济工作会议部署，深刻领悟“两个确立”的决定性意义，增强“四个意识”、坚定“四个自信”、做到“两个维护”，坚持党对税务工作的全面领导，坚持完整准确全面贯彻新发展理念，坚持稳中求进工作总基调，以高质量推进中国式现代化税务实践为主线，以高水平建设效能税务为目标，以落实中央巡视整改为契机，以深化税务领域改革为动力，深入实施数字化转型条件下的税费征管“强基工程”，一体推进依法治税、以数治税、从严治税，更好发挥税收在国家治理中的基础性、支柱性、保障性作用，为强国建设、民族复兴伟业贡献更多更大税务力量。

——坚定不移建强政治机关、强化垂直管理，坚决捍卫“两个确立”、践行“两个维护”。进一步巩固拓展主题教育成果，健全党纪学习教育常态化长效化机制。高标准推进中央巡视整改，聚焦抓日常督进、抓重点难点、抓审核评价、抓巩固深化，确保真改实改彻改。健全完善垂管为主、地方配合、各负其责、齐抓共管的党建工作机制，进一步细化落实党建主体责任清单，持续推进税务党建工作高质量发展。

——坚定不移扛牢主责主业、倾力担当作为，更好发挥税收职能作用推动三中全会改革部署落地见效和服务高质量发展。严格坚持依法依规组织税费收入，坚决守住不收“过头税费”的底线，把质的有效提升和量的稳步增长统一到组织收入全过程。加力落实好结构性减税降费政策，让应享的快享尽享，对骗享的严防严查。抓紧出台增值税法实施条例，围绕提振消费、扩大内需、发展新质生产力等推动完善税制和规范优惠政策。着力深化税费征管改革，积极推进税收征管法修订，优化税费数据质量标准，推动税费治理数字化智能化水平持续提升。

——坚定不移优化营商环境、维护法治公平，切实提高纳税人缴费人满意度和遵从度。围绕“高效办成一件事”，继续推进“便民办税春风行动”，进一步优化新电子税务局功能，统筹推动办税服务厅和12366一体转型升级。完善“税企面对面”常态化交流和税费服务诉求解决机制，深化拓展纳税缴费信用管理，持续优化“税路通”跨境税收服务，更好支持各类经营主体发展。坚持法治公平是最好的营商环境，进一步规范和优化税务执法，引导涉税专业服务机构合规执业，加大对涉税违法打击震慑力度，常态化加强典型案例曝光，厚植依法纳税、合规经营的氛围。

——坚定不移构建严管体系、加强队伍建设，持续营造税务系统风清气正的良好环境。深入落实二十届中央纪委四次全会部署，贯通推进全面从严治党和全面从严治税，切实加强纪检专责监督与职能部门监督等方面的协同联动，聚焦“关键少数”、重点领域，加力补齐制度机制短板，深入开展专项整治，着力铲除腐败滋生的土壤条件，一体防治税收风险、执法风险、廉政风险。坚持好干部标准，持续改进选人用人工作，完善税务人才选拔培养机制，着力激发干事创业动力活力。深入贯彻《整治形式主义为基层减负若干规定》，让基层干部轻装上阵抓基础抓管理抓落实。

会议以视频形式召开，中央和国家机关有关

部门负责同志应邀出席会议，税务总局领导参加会议并与会议代表进行分组讨论。税务总局部分老领导、中央纪委国家监委驻国家税务总局纪检监察组负责同志、税务总局机关各单位副司级以上干部，各省级税务局主要负责人及兼任副省级城市税务局主要负责人的局领导，中国财税博物馆主要负责人在主会场参加会议。各省级税务局领导班子成员及内设机构主要负责人在各地分会场参会。

税收征收管理法修订稿向社会公开征求意见

近期，根据十四届全国人大常委会立法规划部署，国家税务总局会同财政部研究形成了《中华人民共和国税收征收管理法（修订征求意见稿）》，于2025年3月28日向社会公开征求意见。征求意见稿进一步落实税收法定原则，巩固和拓展税收改革成果，更好维护纳税人合法权益和引导税法遵从，为广大经营主体特别是合规经营的纳税人营造更加法治公平的税收营商环境。

记者了解到，税收征管法是我国税收法律体系中法律级次最高的程序法。现行税收征管法最近一次大幅修订是在2001年，距今已有24年。随着经济社会快速发展和新业态新技术不断涌现，税收领域改革和相关法律制度建设不断推进，现行税收征管法与征纳实践不适应的问题日益凸显，亟需进行修订。特别是这些年刑法、民法典、行政强制法等相关法律陆续修订或出台，现行税收征管法有关规定与之存在一定的脱节，且主要侧重于企业纳税人，难以适应个人所得税等税制改革后优化完善自然人管理服务措施的要求。

国家税务总局相关负责人介绍，征求意见稿共106条，较现行税收征管法新增16条、删除4条、修改69条。章节设置保持现行税收征管法基本架构，修订主要聚焦于贯彻落实党中央、国务院有关决策部署以及更好适应新经济新业态发展、对接个人所得税等新税制改革、加强与现行法律的衔接等方面，进一步营造法治公平的经济税收秩序。

据介绍，征求意见稿更加注重对纳税人合法权益的保护，其中体现营造公平竞争税收秩序的条款有31条、保护纳税人合法权益的条款有21条，特别是增加为纳税人提供便利化办税等规定，优化完善保障纳税人权利等条款，减轻办税负担，进一步优化营商环境。比如，明确纳税人办理设立登记后，原则上由登记机关与税务部门实时共享登记信息，纳税人无需单独办理税务登记；取消对纳税争议提起复议需清税的前置条件，更好地保障纳税人行使行政救济权；对主动纠正或者配合税务机关查处税收违法行为的，视情节从轻、减轻或不予行政处罚等。

征求意见稿更加注重规范税务执法权力，进一步强调对税务部门依法履职的要求，完善税务执法权力行使程序，优化税务执法方式，促进严格规范公正文明执法。比如，增加税务机关对获取的涉税信息保密、限制用途的规定；明确健全税务行政处罚裁量基准制度，规范行使税务行政处罚裁量权；增加实施行政强制措施的限制规定，对滥用职权违法实施行政强制，致使纳税人的合法权益遭受损失的，应当承担赔偿责任等。

征求意见稿更加顺应数字经济发展新形势，新增平台经营者报送涉税信息、平台经营者配合税务检查等规定，有利于健全数字经济常态化监管法律制度，护航新经济新业态持续健康发展。比如，要求平台企业按规定向税务机关报送平台内经营者、从业人员的身份信息和与纳税有关的信息；明确电子凭证、资料的法律效力等。

征求意见稿更加注重依法精准打击税收违法犯罪行为，为合法经营者营造规范有序、公平竞争的税收营商环境。比如，完善涉嫌违法的自然人纳税人税务检查、阻止出境等规定，有效打击少数高收入者偷逃税行为。

征求意见稿更加注重与现行相关法律的衔接，明确法律适用标准，进一步提升法律确定性，稳定市场预期。比如，将“偷税”修改为“逃税”，与刑法相衔接；对接民法典、企业破产法，调整税收优先权顺位，有利于减少执行争议等。

国家税务总局征管和科技发展司司长练奇峰介绍，税收征管法修订坚持宽严相济理念，有利于进一步严格规范公正文明执法，更好发挥法治固根本、稳预期、利长远的作用，促进形成公平、透明、可预期的营商环境。

练奇峰介绍，此次征求意见将持续至4月27日，公众可以通过登录国家税务总局网站、邮寄信函等方式提出意见建议，税务部门将认真梳理研究各方提出的可行性意见建议，进一步修改完善征求意见稿。

（来源：新华社网站）

国家税务总局党委召开会议学习贯彻习近平总书记在二十届中央纪委四次全会上的重要讲话和全会精神

2025年1月10日，国家税务总局党委书记、局长胡静林主持召开会议，传达学习习近平总书记在二十届中央纪委四次全会上的重要讲话和全会精神，研究部署税务系统贯彻落实措施。中央纪委国家监委驻国家税务总局纪检监察组组长、税务总局党委委员李建明谈了学习体会，并就深入推进税务系统全面从严治党提出要求。

会议指出，习近平总书记在二十届中央纪委四次全会上的重要讲话，高瞻远瞩、直面问题、振聋发聩，既充分肯定了新时代以来党领导反腐败斗争赢得“两个历史主动”的伟大成就和重大意义，也充分表明了当前反腐败斗争“一步不停歇、半步不退让”的坚韧执着和坚强定力，还充分彰显了今后一段时期坚决打好反腐败斗争这场攻坚战、持久战、总体战的战略清醒和战略自信，具有极强的政治性、思想性、指导性，为当前和今后一段时期深入推进全面从严治党、党风廉政建设和反腐败斗争指明了前进方向、提供了根本遵循。

会议强调，要准确把握当前税务系统反腐败斗争的严峻复杂形势，深刻认识到腐败存量尚未清除，增量还在继续发生，腐败滋生的土壤和条件尚未彻底根除。全国税务系统一定要学深悟透习近平总书记的重要讲话精神，进一步廓清思想迷雾、增强行动自觉，始终保持永远在路上的执着和清醒，坚决把税务系统全面从严治党向纵深推进、把反腐败斗争进行到底。

会议要求，各级税务局党委要切实把思想统一到习近平总书记重要讲话和全会精神上来，坚决打好打赢反腐败斗争的攻坚战，以推进中央巡视整改为契机，持续深化群众身边不正之风和腐败问题集中整治，聚焦腐败多发易发高发的重点领域，坚决纠治顽瘴痼疾，强化震慑效应；坚决打好打赢反腐败斗争的持久战，坚持重遏制、强高压、长震慑，对涉税腐败行为发现一起、查处一起，把严的基调、严的措施、严的氛围长期坚持下去，持续释放税务系统全面从严治党越来越严、越往后执纪越严的强烈信号；坚决打好打赢反腐败斗争的总体战，坚持系统施治、标本兼治，一体推进“三不腐”，结合巩固深化党纪学习教育成果和推进中央巡视整改，着力健全严管体系，持续深化综合监督，一体推进全面从严治党和全面从严治税贯通互促，着力厚植税务系统风清气正的政治生态。

会议还对高标准高质量开好税务总局党委领导班子年度民主生活会和巡视整改专题民主生活会提出了要求。会议强调，税务总局领导班子要带头以习近平总书记重要论述和重要讲话精神为指引，对标中央政治局民主生活会，结合贯彻落实中央纪委四次全会精神，以实际行动严肃党内政治生活，扎实推动问题整改，以真改实改彻改的成效推动税务系统全面从严治党向纵深发展，引领保障高质量推进中国式现代化税务实践行稳致远。

税务总局领导班子成员，中央纪委国家监委驻国家税务总局纪检监察组有关负责同志、总局机关各司局主要负责同志参会。

全国税务系统全面从严治党工作会议在京召开

2025 年 1 月 16 日，全国税务系统全面从严治党工作会议在京召开。会议以习近平新时代中国特色社会主义思想为指导，深入学习贯彻党的二十大和二十届二中、三中全会精神以及二十届中央纪委四次全会精神，总结 2024 年税务系统全面从严治党工作，部署 2025 年重点任务，为高质量推进中国式现代化税务实践提供坚强保障。税务总局党委书记、局长胡静林作工作报告，中央纪委国家监委驻国家税务总局纪检监察组组长、税务总局党委委员李建明讲话。

胡静林表示，习近平总书记在二十届中央纪委四次全会上的重要讲话，高瞻远瞩、思想深邃、直面问题、振聋发聩，为深入推进全面从严治党和反腐败斗争提供了根本遵循，充分彰显了我们党勇于自我革命、巩固红色江山、确保党不变质不变色不变味的历史主动和责任担当，充分彰显了我们党将反腐败斗争进行到底、一步不停歇、半步不退让的坚强决心和坚定意志，充分彰显了我们党面对新时代新征程新任务，坚持用改革精神与严的标准管党治党的鲜明态度和战略定力。全国税务系统要全面对标对表习近平总书记重要讲话精神，清醒认识税务系统全面从严治党面临的严峻复杂形势，进一步发扬自我革命精神，以更强决心更大力度推动税务系统全面从严治党向纵深发展，深入推进全面从严治党与全面从严治税贯通互促，确保习近平总书记重要讲话精神和中央纪委四次全会精神在税务系统落实落地、见行见效。

胡静林指出，过去一年，全国税务系统深入学习贯彻习近平总书记关于党的建设的重要思想和关于党的自我革命的重要思想，坚决落实党中央决策部署，在驻税务总局纪检监察组的有力监督支持下，以自觉接受中央巡视和落实中央巡视整改为契机，扎实推进全面从严治党各项工作，在强化政治机关建设、推进党建高质量发展、扛牢压实管党治党责任、纵深推进正风肃纪反腐、加强党建和纪检干部队伍建设等方面取得了积极成效。

胡静林强调，2025 年税务系统全面从严治党工作要坚持以习近平新时代中国特色社会主义思想为指导，全面贯彻落实中央纪委四次全会精神和国务院第三次廉政工作会议部署，深刻领悟“两个确立”的决定性意义，增强“四个意识”、坚定“四个自信”、做到“两个维护”，坚持用改革精神和严的标准管党治党，以深化中央巡视整改为契机，以实施数字化转型条件下的税费征管“强基工程”为抓手，以深入开展群众身边不正之风和腐败问题集中整治为重点，着力建强政治机关、夯实基层基础、落实管党治党政治责任、健全全面从严治党体系，持续深化全面从严治党与全面从严治税贯通互促，一体推进正风肃纪反腐，以全面从严治党新成效为高水平建设效能税务、高质量推进中国式现代化税务实践提供坚强保障。

胡静林对扎实做好 2025 年税务系统全面从严治党工作进行了部署，强调要坚持不懈用党的创新理论武装头脑、指导实践、推动工作，深入推进政治监督具体化、精准化、常态化，全力保障党中央决策部署落实落地；坚决扛牢管党治党政治责任，进一步推动党建工作高质量发展；健全完善一体化综合监督体系，着力推进监督全面覆盖、如影随形；坚持风腐同查同治，坚决打好反腐败斗争攻坚战、持久战、总体战；加强教育管理监督，进一步抓好后继有人这个根本大计；加强党建和纪检干部队伍建设，有力夯实工作组织保障。

李建明强调，全国税务系统要深入学习贯彻习近平总书记重要讲话精神和中央纪委四次全会部署，坚定不移推进税务系统反腐败斗争，着眼战略全局把握反腐败斗争的极端重要性，坚定打赢税务系统反腐败攻坚战的必胜信心；着眼现实挑战把握反腐败斗争的长期性、复杂性、艰巨性，坚定打赢税务系统反腐败持久战的如磐恒心；着眼标本兼治深化对反腐败斗争的规律性认识，坚定打赢税务系统反腐败总体战的坚强决心。要坚定不移用改革精神和严的标准管党治党，着力推进政治监督具体化、精准化、常态化，着力常态长效加强纪律建设，着力推进风腐同查同治，着力深化整治群众身边不正之风和腐败问题，着力深化纪检监察体制改革，着力强化全面从严治党政治责任，以全面从严治党新成效为中国式现代化税务实践提供坚强保障。要坚定不移推动纪检监察铁军建设，把习近平总书记的信任重托，转化为以身许党许国、报党报国的境界情怀，转化为建功立业、昂扬奋进的精神状态，持续加强政治建设、能力建设、作风建设、廉洁建设，始终做党和人民的忠诚卫士。

同日，税务总局还召开全国税务系统警示

教育会，播放了警示教育片，通报了8起税务系统违纪违法典型案例。会议强调，要强化思想武装，建立经常性和集中性相结合的纪律教育机制，不断夯实广大税务党员干部对党绝对忠诚的思想根基；要强化严管严治，推动党委主体责任、职能部门监管责任、纪检机构监督责任同向发力，健全各负其责、统筹协调、落实有力的管党治党责任格局；要强化警示教育，加强典型案件剖析，不断完善监督机制，切实提升税务治理效能，切实把全面从严治党的要求落实到管好班子、带好队伍中去，特别是要结合巡视整改铲除腐败、完善制度、净化风气、严肃纪律，努力实现查处一案、警示一片、治理一域的综合效应。

全国税务系统全面从严治党工作会议、全国税务系统警示教育会以视频形式召开，税务总局党委委员、副局长姚来英主持会议。中央和国家机关纪检监察工委、中央纪委国家监委第三监督检查室有关同志应邀出席会议，税务总局领导参加会议并与会议代表进行分组讨论。中央纪委国家监委驻国家税务总局纪检监察组全体同志，税务总局机关各单位副司级以上干部，各省级税务局主要负责人、党委纪检组组长及兼任副省级城市税务局主要负责人的局领导，中国财税博物馆主要负责人在主会场参加会议。各省级税务局领导班子成员及内设机构主要负责人、纪检机构全体同志在各地分会场参会。

以高质量党建促进中国式现代化税务实践行稳致远

近日，国家税务总局召开2024年度省级税务局党委书记抓党建述职评议、“一把手”述责述廉会议。税务总局党委书记、局长胡静林主持会议并强调，各级税务局党委要坚持以习近平新时代中国特色社会主义思想为指引，聚焦实施数字化转型条件下的税费征管“强基工程”，更好发挥党建工作的政治引领作用，扎实推进中央巡视整改走深走实，以高质量党建促进中国式现代化税务实践行稳致远。中央纪委国家监委驻国家税务总局纪检监察组组长、税务总局党委委员李建明就落实二十届中央纪委四次全会部署，纵深推进税务系统全面从严治党工作提出要求。

会上，贵州省、黑龙江省、新疆维吾尔自治区、甘肃省税务局党委书记通过视频方式依次作抓党建工作述职，总结工作成绩，查摆突出问题，提出改进措施。税务总局驻上海特派办，天津市、湖南省、山西省税务局主要负责同志通过视频方式依次进行述责述廉，重点汇报了履行本单位本系统全面从严治党第一责任人职责和廉洁自律情况。其他省级税务局党委书记会前均书面提交了述责述廉述党建报告。税务总局领导采取“一述一评”的方式逐一进行现场点评，严肃指出存在问题，明确提出具体要求。大家一致认为，此次会议各单位党委书记客观总结工作成绩，直面短板不足，深刻剖析原因，达到了互学互鉴、传导压力、推动工作的目的。

胡静林指出，过去一年，全国税务系统深入学习贯彻习近平总书记“7·9”重要讲话精神和“7·29”重要指示精神，坚决落实党中央决策部署，全面落实机关党建主体责任，坚持抓机关带系统，特别是以自觉接受中央巡视和落实中央巡视整改为契机，推动税务系统党建和全面从严治党工作不断取得新成效，为高质量推进中国式现代化税务实践提供了坚强保障。

胡静林强调，各级税务局党委要坚持政治统领、凝心铸魂，持续深化理论武装，强化垂直管理，推动税务系统各级党组织和广大党员坚定捍卫“两个确立”、坚决做到“两个维护”；要坚持围绕中心、服务大局，健全落实税务系统党建工作机制，着力夯实基层基础，持续为基层减负赋能，推动党的政治优势、组织优势转化为改革动能、治理效能；要坚持全面从严、一严到底，切实加强对领导班子特别是“一把手”监督，深入开展整改整治，持续传导压力，以严的基调、严的措施、严的氛围推动全面从严治党向纵深发展、向基层延伸；要坚持明责履责、督责考责，健全责任体系，抓实“关键少数”，建强党务干部队伍，推动管党治党责任压紧压实、见行见效。

李建明强调，各级税务局党委要坚持强党建，以党的政治建设为统领，严密党的组织体系，坚持党性党风党纪一起抓，引领保障税务事业高质量发展；要坚持严监督，坚决扛牢管党治党政治责任，强化基层监督，推动各类监督贯通协同，有效防范化解税务廉政风险；要坚持善治理，一体推进不敢腐、不能腐、不想腐，在支持和推动查办案件上下功夫，在深化以案促改促治上下功夫，推动制度优势更好转化为税务治理效能。

税务总局领导，中央纪委国家监委驻税务总局纪检监察组负责同志，税务总局党建工作领导小组成员单位主要负责同志及部分党员干部群众代表在主会场参加会议；各省、自治区、直辖市和计划单列市税务局，税务总局驻各地特派员办事处，税务总局税务干部学院相关负责同志和党员干部代表在分会场参加会议。

（来源：《中国税务报》）

中国税务学会九届二次理事会议暨学会成立 40 周年深化财税体制改革研讨会在京召开

2025 年 2 月 20 日，中国税务学会九届二次理事会议暨学会成立 40 周年深化财税体制改革研讨会在京召开。会议深入学习贯彻党的二十届三中全会和中央经济工作会议精神，认真落实全国税务工作会议部署，总结 40 年来中国税务学会发展历程和宝贵经验，研究谋划当前和今后一个时期学会重点工作，积极围绕深化财税体制改革服务中国式现代化建言献策。国家税务总局党委书记、局长胡静林出席会议并讲话。

胡静林代表税务总局党委向中国税务学会成立 40 周年表示祝贺。胡静林表示，40 年来特别是党的十八大以来，中国税务学会始终坚持围绕中心、服务大局，积极发挥桥梁纽带作用，广泛团结社会各界税收研究力量，形成了一批具有广泛影响力的研究成果，为推动税收学术繁荣、服务发展大局作出了重要贡献。

胡静林强调，党的二十届三中全会擘画了进一步全面深化改革、推进中国式现代化的宏伟蓝图。中国税务学会要坚定不移用党的创新理论凝心铸魂，坚定捍卫“两个确立”，坚决做到“两个维护”，对标对表党的二十届三中全会部署要求，认真贯彻落实习近平总书记关于税收工作的重要论述，坚持政治建会、服务立会、创新强会、聚力兴会，更好服务税收中心工作，积极助力税务领域改革发展，为中国式现代化税务实践行稳致远提供更多更大的智力支持。

中国税务学会会长王军作了工作报告。王军指出，学会成立 40 年来，在历届财政部党组、税务总局党组（党委）坚强领导下，在学会历任领导班子团结努力下，走过不凡历程，创造显著业绩，取得五方面宝贵经验，即必须坚持党的领导、坚持服从服务发展大局、坚持理论与实践相结合、坚持守正创新、坚持充分发挥理事会员单位的重要作用。要把这些宝贵经验传承好、发扬好，持续做好学会各项工作。

王军强调，面对新时代新征程新任务，中国税务学会要坚持以习近平新时代中国特色社会主义思想为指导，按照税务总局党委要求，坚持党建引领、服务改革发展、加强学术研究、深化交流合作、优化培训宣讲、推进学会建设，努力产出更多高质量研究成果，提供更多高水平意见建议，为中国式现代化税务实践贡献更大学会力量。

研讨会上，厦门国家会计学院中国特色社会主义财税研究中心主任、教授邓力平，中国社会科学院原副院长、学部委员高培勇，山东大学原校长、教授樊丽明，国家开发投资集团有限公司党组书记、董事长付刚峰，十四届全国政协常委、中国企业财务管理协会会长张连起，中央财经大学校长、教授马海涛作为学会理事或学术委员会委员代表，先后围绕深化财税体制改革主题作了发言。

会议还表决通过了增补理事、罢免理事的议案。

中国税务学会第一副会长汪康主持会议。税务总局有关司局负责同志，中国国际税收研究会、中国注册税务师协会相关负责同志，全国各省、自治区、直辖市和计划单列市、副省级城市税务学会及相关理事、会员单位代表参加会议。

（来源：《中国税务报》）

国家税务总局召开党委（扩大）会议暨党建工作领导小组会议部署启动税务系统深入贯彻中央八项规定精神学习教育

2025 年 3 月 25 日，国家税务总局党委书记、局长胡静林主持召开党委（扩大）会议暨党建工作领导小组会议，传达学习中央及中央和国家机关工委有关会议精神，研究审议《全国税务系统开展深入贯彻中央八项规定精神学习教育实施方案》，部署抓好学习教育相关工作，以作风建设新成效确保党中央各项决策部署在税务系统落地落细，为高质量推进中国式现代化税务实践提供坚强保障。

会议指出，以习近平同志为核心的党中央作出在全党开展深入贯彻中央八项规定精神学习教育的重大决策部署，对于弘扬党的优良作风，保持党的先进性和纯洁性，确保党不变质不变色不变味，以伟大自我革命引领伟大社会革命具有重要意义。习近平总书记高度重视中央八项规定精神的贯彻落实工作，亲自谋划确定将深入贯彻中央八项规定精神作为今年学习教育的主题，多次发表重要讲话、作出重要指示，具有很强的政治性、思想性、针对性、指导性，为开展好学习教育指明了前进方向、提供了根本遵循。

会议强调，全国税务系统务必深入学习领会习近平总书记重要指示精神，认真落实蔡奇、李希同志在中央党的建设工作领导小组第十一次会议上的讲话精神，以及中央和国家机关工委动员部署学习教育有关会议精神，结合税务工作实际，将学习教育作为重大政治任务抓紧抓好、抓实抓细，坚持党性党风党纪一起抓、正风肃纪反腐相贯通，确保学有质量、查有力度、改有成效。各级税务局党委特别是领导机关和领导干部要发挥示范带动作用，组织党员、干部原原本本学习《习近平关于加强党的作风建设论述摘编》，准确领会中央八项规定及其实施细则精神的核心要义、实践要求，不断增强贯彻落实的思想自觉、政治自觉、行动自觉。要突出真查实改，对标对表中央明确的突出问题，全面深入查摆，结合实际加强警示教育，扎实推进集中整治，逐项制定整改措施，坚决有力推动落实，并坚持“当下改”与“长久立”相结合，针对薄弱环节建章立制，推动作风建设常态化长效化。

会议要求，各级税务局党委要对学习教育负总责，既带头搞好自身学习教育、作出示范，又切实扛起主体责任，推动本单位本系统学习教育有序有效开展；要紧密结合税务中心工作，把学习教育同深化中央巡视整改、推进税费征管“强基工程”、开展税务系统群众身边不正之风和腐败问题集中整治等结合起来，坚决防止“两张皮”；要坚持开门搞教育，自觉接受群众监督，让纳税人缴费人和基层税务干部可感可及税务系统学习教育成果；要力戒形式主义，落实为基层减负要求，扎实做好规定动作，不层层加码，对发现的偏差及时纠正，确保学习教育务实功、出实招、求实效。

税务总局领导、中央纪委国家监委驻国家税务总局纪检监察组负责同志、局内各单位主要负责同志参加会议。

胡静林会见哈萨克斯坦财政部国家收入委员会主席占多斯·杜伊森比耶夫

2025 年 3 月 17 日，国家税务总局局长胡静林在京会见哈萨克斯坦财政部国家收入委员会主席占多斯·杜伊森比耶夫。双方围绕加强在“一带一路”税收征管合作机制框架下的合作等议题进行了深入交流。

胡静林会见丹麦税务大臣拉斯穆斯·斯托克伦德

2025 年 3 月 19 日，国家税务总局局长胡静林在京会见丹麦税务大臣拉斯穆斯·斯托克伦德。双方围绕税收征管数字化转型、国际税收改革等议题进行了深入交流。会议期间，胡静林局长与斯托克伦德大臣共同签署了《中华人民共和国国家税务总局与丹麦王国税务局双边税务合作谅解备忘录》。

2025年度《中国税务年鉴》《中华人民共和国税法》编辑委员会议在京召开

2025年1月8日，2025年度《中国税务年鉴》《中华人民共和国税法》编辑委员会议在京召开。会议以习近平新时代中国特色社会主义思想为指导，全面贯彻党的二十大和二十届二中、三中全会精神，认真落实中央巡视整改要求，按照国家税务总局党委工作部署，总结过去一年工作，分析当前面临的新形势新任务新要求，部署下一阶段任务。税务总局党委委员、副局长王道树出席会议并讲话。

王道树指出，2024年《税务年鉴》《税法》相关工作有序开展、稳步推进，在服务发展大局、助力唱响中国经济光明论等方面，取得了积极成效。下一步，要坚持以习近平新时代中国特色社会主义思想为指导，认真贯彻落实党中央、国务院决策部署，进一步突出政治性，找准《税务年鉴》《税法》在高质量推进中国式现代化税务实践中的坐标定位，确保始终沿着正确方向前进；进一步突出时代性，在《税务年鉴》编纂中坚持内容为要，持续优化大纲框架，凸显时代特点，在《税法》编纂中紧跟政策变化，提升宣传质效；进一步突出创新性，把互联网思维和人工智能应用融入《税务年鉴》《税法》工作中，做到常编常新，更好服务中心工作，贴近社会实际，满足群众需求。各单位要切实发扬工匠精神，字斟句酌写好文本，把好政治关、史实关、文字关、保密关。

中国税务出版社社长朱承斌汇报了2024年度《税务年鉴》《税法》编纂工作和下一步工作思路。税务总局机关各位编委参加会议并对2025年度《税务年鉴》编辑大纲提出意见建议。

（来源：《中国税务报》）

中国注册税务师协会第七届三次理事会暨2025年行业工作会议在京召开

2025年2月25日—26日，中国注册税务师协会在北京召开第七届三次理事会暨2025年行业工作会议，深入学习贯彻党的二十大和二十届二中、三中全会精神，以及中央经济工作会议和中央社会工作会议精神，落实全国税务工作会议、全国税务系统全面从严治党工作会议部署要求，总结2024年行业工作，部署2025年重点任务。国家税务总局党委委员、副局长，行业党委书记饶立新出席会议并讲话。行业党委常务副书记、中国注册税务师协会会长刘丽坚作工作报告。

饶立新要求，税务师行业要坚持抓党建促发展，以党的政治建设为统领，健全基层党建工作机制，推动行业基层党组织建设，为行业高质量发展提供坚强的政治保障；坚持抓改革优服务，以深化税务领域改革为契机，切实推动产品服务专业化升级、数字化转型；坚持抓自律强监管，完善行业自律监管体系，加强常态化、全过程行业监管，强化警示教育，加强诚信建设，努力锻造一支政治素质高、业务能力强、工作作风优的专业人才队伍，助力中国式现代化税务实践行稳致远。

刘丽坚表示，2024年税务师行业坚持贯彻落实习近平总书记重要讲话精神和党中央、国务院决策部署，扎实工作，攻坚克难，取得积极成效。2025年，行业要坚持和加强党的全面领导，以更好发挥税务师行业作用高质量服务中国式现代化税务实践为首要任务，以服务数字化转型条件下税费征管“强基工程”为首要担当，立足自身专业优势，扛牢自律监管责任，推动会员服务提质增效，加强人才队伍建设，强化宣传引导工作，完善两级税协建设，以实干实绩推动税务师行业高质量发展，为中国式现代化税务实践行稳致远贡献更大行业力量。

中央组织部、中央社会工作部、全国工商联有关同志出席会议，国家税务总局相关司局负责同志参加会议。中国注册税务师协会第七届理事会理事、第一届监事会成员、各地方注册税务师协会秘书长参加会议。

聚力小微　焕新赋能

—— 国家税务总局等七部门开展2025年“春雨润苗”专项行动

国家税务总局近日会同国家发展改革委、工业和信息化部、人力资源社会保障部、市场监管总局、国家医保局、全国工商联印发通知，共同开展2025年助力小微经营主体发展“春雨润苗”专项行动，推出“提升服务质效”“护航健康成长”“助力发展升级”3大系列活动10项服务举措，着力优服务、促合规、助发展，促进小微经营主体特别是民营经济发展壮大。

“税务总局会同全国工商联已连续四年开展‘春雨润苗’专项行动，一大批措施在促进小微经营主体稳预期、强信心、焕活力方面效果凸显。”税务总局纳税服务司司长沈新国介绍，2021年开展以来，“春雨润苗”专项行动已相继推出10大类主题活动、48项具体措施，组织开展宣传辅导活动12.8万余场，直接触达小微经营主体1.09亿户次。今年将继续聚焦各类小微经营主体全生命周期的涉税涉费诉求，及时了解、快速回应、高效解决，推出更多适用、有效的帮扶措施，为小微经营主体发展壮大提效赋能。

2025年“春雨润苗”专项行动新增了5个联合部委，明确以“聚力小微　焕新赋能”为主题，服务小微经营主体发力范围更大、机制更全、精准度更高、资源配置效率更优，为小微经营主体提供多维度、全方面、深层次的服务措施。

——突出协同聚力，多维纾难解困。税务部门会同相关部门统筹梳理支持政策，聚焦促进民营经济、新质生产力发展等重点主题，开业、变更、注销等重点事项，科技型和创新型中小企业、“专精特新”中小企业等重点对象，开展联动宣传辅导。税务部门会同相关部门围绕企业数据填报、企业迁移登记、参保缴费等跨部门事项，拓展“高效办成一件事”服务范围；会同人社、医保等部门巩固拓展社会保险申报缴费、参保登记业务“一厅联办”，提升办税缴费便利度。税务部门深入落实“税企面对面”常态化交流机制，拓展建立重点行业协会、商会直联点，会同工商联等部门探索建立多部门诉求联动响应机制，高效解决税费诉求。

——突出合规引导，助推健康发展。税务部门会同相关部门梳理推送合规指引、曝光违法违规案件，并通过推行信用码、打造专业市场等方式规范涉税专业服务，引导、带动小微经营主体合规经营。税务部门加强与人社、残联等部门的信息共享，开展跨部门、多维度政策宣传辅导，支持新办小微经营主体开业、重点人群就业创业。发挥工商联桥梁纽带和助手作用，集成各部门优势，落实税费服务、融资便利等领域守信激励措施，引导提升纳税信用应用水平。

——突出创新驱动，全链精准护航。工信、税务、市场监管等部门建立协作机制，强化科技型企业孵化器政策支持，深化产学研合作，推动科研成果转化落地。税务部门发挥绿色税制体系正向激励作用，并对接财政、水利等部门开展水资源税改革专题活动，推动形成绿色发展方式。市场监管、税务部门加强信息共享，针对性做好降成本、促融资等差异化帮扶措施，鼓励引导“成长型”“发展型”等个体工商户自愿转型升级为企业。发展改革部门会同相关部门依托民营经济发展综合服务平台，为“走出去”小微经营主体提供一站式公共服务；税务部门强化“税路通”跨境税收服务品牌作用，助力外向型小微经营主体减负赋能。

沈新国表示，税务部门将以开展2025年“春雨润苗”专项行动为契机，深化拓展各部门协同共治机制，最大限度便利小微经营主体办税缴费，压茬推进各项服务举措落实落细，推动实现“个转企”、跨境经营、科技成果转化等办事流程最优化、办事材料最简化、办事成本最小化，激发民营经济发展内生动力。

锚定“高质量” “强基”稳开局

□何 乐

2025年是“十四五”规划收官之年。“2025年，我们将全面完成‘十四五’规划。要实施更加积极有为的政策，聚精会神抓好高质量发展，推动高水平科技自立自强，保持经济社会发展良好势头。”习近平主席二〇二五年新年贺词拉开了收官之年的奋斗序幕。

以季度为单位，时间刻度里标注着税收在大局中的作为担当印记。收官之年的首季，税务部门锚定“高质量发展”这个首要任务，在围绕中心、服务大局上持续发力，在提振消费、支持创新上积极探索，在优化服务、依法治税上常抓不懈，全面实施数字转型条件下的税费征管“强基工程”，进一步发挥税收在国家治理中的基础性、支柱性、保障性作用。

一组数：中国经济“光明论”的税收注脚

税收是反映经济运行的“晴雨表”。第一季度，税务总局共公布了8次数据，成为观察中国经济的一扇窗口。

依法治税是依法治国的重要组成部分，也是促进企业合规经营、推进社会主义市场经济法治化的关键途径。

2024年9月底以来，党中央、国务院果断部署的一揽子增量政策持续发力，政策效应如何?增值税发票数据以其全领域、全环节、全要素的突出特点，成为政策效应的极佳反映。今年初，税务部门及时公布增值税发票数据显示，2024年第四季度我国经济运行呈现制造业发展提速、新兴产业持续较快增长等六方面亮点；2025年3月，税务总局公布数据显示，近5个月来全国企业销售收入增速较2024年三季度提高1.1个百分点，我国经济回升向好态势不断显现，以有力的数据稳预期、增信心。

2025年2月，民营经济座谈会召开几天后，税务部门公开数据显示，2024年支持科技创新和制造业发展主要政策减税降费及退税六成惠及民营经济，为民营经济健康成长、发展壮大营造良好环境。

2025年3月初，全国两会召开前夕，税务部门公布数据显示，“两新”政策实施近一年，全国企业设备更新稳步推进，消费品以旧换新政策效果明显。

在支持科技创新方面，税务部门多次公布数据显示，2024年1—11月支持科技创新和制造业发展主要政策减税降费及退税约2.3万亿元；2024年减税降费及退税超2.6万亿元，有力支持科技创新和制造业发展；2024 年“小巨人”企业销售收入增速高于全国平均水平 2.1 个百分点。

在稳外资方面，2 月 17 日，商务部、国家发展改革委发布《2025 年稳外资行动方案》。紧接着，2 月 21 日，税务部门公布数据显示，2024 年享受递延纳税政策的外商在华再投资金额达 1622.8 亿元，同比增长 15%，再创新高。

……

月月有数据，次次有看点。张张增值税发票，汇聚成税收数据海洋，折射出经济运行特点与轨迹，展示着中国经济的行稳致远。值得注意的是，在税务部门公布的数据与分析中，既有对经济形势的宏观观察，也有对行业发展情况、群体受益情况、政策运行情况的分析，为观察中国经济开一扇税收之窗。

一股劲：税费征管“强基工程”开局破题

春风起，脚步疾。

“深化税收征管改革”，是党的二十届三中全会通过的《中共中央关于进一步全面深化改革、推进中国式现代化的决定》作出的涉税改革部署中，由税务部门单独牵头的任务；也是与中办、国办《关于进一步深化税收征管改革的意见》延续贯通的改革路径。

近年来，从“合作”“合并”到“合成”，税收征管走过一条不断深化的改革之路。2025 年全国税务工作会议提出，要大力实施数字化转型条件下的税费征管“强基工程”，并明确了主攻方向——要注重从面上构建征管新模式，从点上构建监管新机制；指出了关键环节——要以优化纳税申报管理为切入口，以有效加强重点领域监管为着力点。

2025 年是全面实施税费征管“强基工程”的第一年，开好局、破好题十分关键。第一季度，从法律修订到制度完善，从重点领域监管到纳税申报优化，税收征管改革起势聚势、步伐加快。

以优化纳税申报管理为“切入口”——

这个季度，个人所得税综合所得汇算清缴，增值税、企业所得税纳税申报都有新变化。

2025 年 3 月，第六次年度个人所得税汇算清缴启动前，《个人所得税综合所得汇算清缴管理办法》（以下简称《办法》）公布，在全面回顾和系统总结历次汇算清缴情况的基础上，《办法》更加重视保护纳税人的合法权益，更加注重方便纳税人详细了解汇算清缴各类事项。

同时，税务总局对《企业所得税年度纳税申报表（A 类，2017 年版）》的部分表单和填报说明进行修订，涉及 8 张表单，其中取消 2 张表单、修订 6 张表单。此外，对《企业所得税年度纳税申报表填报表单》和其余 15 张关联表单中关于表间关系的填报说明进行同步调整。

增值税纳税申报同样有变化。税务总局公布《关于调整增值税纳税申报有关事项的公告》，明确税务机关为纳税人提供适用增值税征税政策的出口货物信息数据归集服务等内容。

以有效加强重点领域监管为“着力点”——

成品油是关系国计民生的基础性和战略性资源，成品油流通领域的涉税问题也一直是税收监管的重点领域。

2 月 5 日，国办印发《关于推动成品油流通高质量发展的意见》（以下简称《意见》），提出 5 方面 21 条具体举措，对成品油行业涉税监管也作出了 4 项重要部署。包括将行政备案回执作为开通成品油发票开具模块的必要条件等。

《意见》的出台意味着成品油批发仓储经营执照等相关资格的取得将更加规范，行业信用建设和监管也将进一步规范。在此基础上，3 月 24 日，国家税务总局发布《成品油涉税产品检测管理暂行办法》，加强成品油消费税管理，规范涉税产品检测工作。这些举措都将进一步有利于健全成品油流通管理体系，推动成品油流通高质量发展。

强基固本，夯实基础。

"争取用三年左右时间，推动税费征管基础全面夯实，并以此为抓手促进效能税务建设迈向更高水平。"税务总局党委书记、局长胡静林指出。

一把尺：深入推进依法治税

法治是最好的营商环境，依法治税是税务工作的生命线和基本要求。2025年第一季度，循着法治中国的宏伟蓝图，税务部门持续在更高水平上推进依法治税。

税收立法再进一程——

2025年3月28日，备受关注的《中华人民共和国税收征收管理法（修订征求意见稿）》（以下简称《征求意见稿》）对外发布，向社会公开征求意见。税收征管法是我国税收法律体系中法律级次最高的程序法，距离税收征管法最近一次大幅修订，已有24年。随着经济社会快速发展和新业态新技术不断涌现，税收领域改革和相关法律制度建设不断推进，现行税收征管法亟须进行修订。

此次公布的《征求意见稿》共106条，较现行税收征管法新增16条、删除4条、修改69条。修订主要聚焦更好适应新经济新业态发展、对接个人所得税等新税制改革、加强与现行法律的衔接等方面。

目前，18个税种中已有14个税种立法，专家表示，《征求意见稿》进一步落实税收法定原则，有利于更好维护纳税人合法权益和引导税法遵从，为广大经营主体特别是合规经营的纳税人营造更加法治公平的税收营商环境。

聚焦重点打击违法——

今年以来，税务部门聚焦高风险重点行业、重点领域、重点人群，先后依法查处了一批加油站和网络主播、明星艺人、股权转让偷逃税等典型案件。在一季度公布的税案中，有加油站、网络主播偷逃税，纳税人骗享税收优惠等具有代表性的重点案件，有力促进规范行业税收秩序。

在打击违法犯罪的同时，税务部门对违法涉税中介一并检查，并针对税务干部与涉税中介勾连勾兑等问题开展"有案同查"。不仅如此，2025年3月，税务总局发布《涉税专业服务管理办法（试行）》，有效提高了法律层级，旨在建立健全以实名制管理为基础的"信用＋风险"管理机制。

部门联合"利剑"高悬——

一季度以来，税务部门充分发挥八部门常态化联合打击涉税违法犯罪工作机制作用，部署实施"联合利剑"专项行动。税务总局公布数据显示，2024年，全国税务稽查检查涉嫌虚开骗税企业6.18万户，认定对外及接受虚开增值税发票等619.08万份，挽回出口退税损失145.33亿元。

分级有序持续曝光——

纵观一季度，税务部门持续通过分类分级、不间断曝光典型案件，仅税务总局公布相关违法案例12起，各地税务部门同步持续曝光涉税违法案件，着力发挥"查处一起、震慑一片、治理一域"的警示教育作用。2024年以来，税务部门通过分类分级、不间断曝光涉税违法典型案件已达100余起，在全社会形成崇尚税法、遵从税法、捍卫税法的良好氛围。

一套拳：加快形成提振消费的政策合力

今年政府的首要工作任务，关乎人们的"买买买"——2025年《政府工作报告》列出十个方面工作任务，"大力提振消费、提高投资效益，全方位扩大国内需求"居首位。

相较于2024年《政府工作报告》，扩大内需从年度工作任务第三位上升至第一位，而"全方位扩大国内需求"的提法，并非首次提及。2024年底召开的中央经济工作会议在部署2025年九大重点任务时，将"大力提振消费、提高投资效益，全方位扩大国内需求"放在首位。

作为拉动经济增长的传统三驾马车之一，面临需求不足、外部环境复杂多变的新形势，消费被赋予了新的使命。2022年12月，中共中央、国务院印发《扩大内需战略规划纲要（2022—2035年）》，强调消费已成为中国经济增长的主拉动力。近两年来，关于促进消费的顶层设计不断推进：党的二十届三中全会提出“要完善扩大消费长效机制”，2024年7月召开的中共中央政治局会议提出“要以提振消费为重点扩大国内需求”。

从措辞变化来看，从“扩大国内需求”拓展到“全方位扩大国内需求”，且将“提振消费”放在“提高投资效益”之前，凸显了2025年以扩大内需尤其是消费拉动经济增长的重要性。

怎么让消费“马车”跑起来？全国两会闭幕后，中办、国办印发《提振消费专项行动方案》，从八类30个方面多措并举提振消费。

提振消费的发力点，也是税收促进消费的着力点。在生产环节，研发费用加计扣除等政策促进企业创新产品设计、优化产品供给，“反向开票”等举措有益于降低企业运营成本；在消费环节，增加免税店、离境退税等政策有利于增强消费意愿，消费税征收环节后移并下划地方的改革提速，将为优化地方消费环境特别是健全县域商业体系提供基础；在分配环节，个人所得税综合所得7项专项附加扣除等政策为居民增收减负。

事实上，提振消费的一揽子税收政策已经陆续实施并逐步见效，在本季度内，我们看到——

“两新”政策效应延续。今年以来，以旧换新政策实现跨年度无缝对接，新能源汽车车购税减免、“反向开票”等政策持续发力。商务部数据显示，截至2025年3月5日，超940万名消费者购买12大类家电以旧换新产品超1200万台，超3400万名消费者申请超4200万件手机等数码产品购新补贴。

自贸港“零关税”清单扩围。2025年海南自贸港将封关运作。1月，海南自贸港原辅料“零关税”商品种类增加。下一步封关以后，适用“零关税”的商品种类还将大大增加。

文旅发展再获支持。1月20日，国办印发《关于进一步培育新增长点繁荣文化和旅游消费的若干措施》提出，优化离境退税服务，推广“即买即退”措施；几天后，国办印发《关于推动文化高质量发展的若干经济政策》，其中第二部分“关于税收优惠”强调落实相关文化发展的优惠政策；1月26日，财政部公布延续实施文化事业建设费优惠政策的通知。

提振消费不是一时之举，而是固本之措。作为提振消费、扩大内需“组合拳”的一部分，税收力量正在不断释放。

一体化：推进税收制度与新业态发展相适应

提速近30个工作日——近期，一户企业出口至美洲海外仓的货物在报关离境后24小时即成功预先申报办理退税。

这缘于2025年1月税务总局发布的《关于支持跨境电商出口海外仓发展出口退（免）税有关事项的公告》，公告规定，以跨境电商出口海外仓方式出口的货物，可采用“离境即退税、销售再核算”的申报方式。这意味着，企业无需等待海外仓实际销售，退税周期从平均45个工作日缩短至货物离境后即可预退税，有效缓解了企业资金周转压力。

海外仓有什么用？简单来说，普通跨境物流方式下，从下单到收货一般耗时至少5至10天。直接从海外仓发货的物品，一般1至3天顾客就能收到。

“支持跨境电商出口海外仓等新业态新模式发展”，《公告》的第一句话阐述了出台该政策的出发点，也呼应了党的二十届三中全会“研究同新业态相适应的税收制度”部署。

近年来，跨境电商被视为重点培育的外贸新动能，海外仓也成为提升“中国造”国际竞争力的重要抓手。过去5年，我国跨境电商贸易规模增长超过10倍。2024年6月，商务部等九部门发布《关于拓展跨境电商出口推进海外仓建设的意见》，提出推动跨境电商海外仓高质量发展等多项举措。

“税收制度与新业态经济相适配的转型调整不会一蹴而就。”中国政法大学教授施正文表示，以数字经济为代表的新业态经济还在持续发展过程中，尚未定型，税制改革也将逐步地、长期地、持续地调整以与之相适应。

一盘棋：以税之力服务建设全国统一大市场

各司其职、通力协作，才能下好一盘棋、奏响协奏曲。在更多领域更大范围实现“高效办成一件事”，是建设全国统一大市场的必然要求与重要抓手。本季度内，“高效办成一件事”的税务清单持续扩围，服务建设全国统一大市场的税收力量持续发挥。

党的二十届三中全会通过的《中共中央关于进一步全面深化改革、推进中国式现代化的决定》提出，“健全‘高效办成一件事’重点事项清单管理机制和常态化推进机制”。

2024 年 1 月，国务院印发《关于进一步优化政务服务提升行政效能推动“高效办成一件事”的指导意见》，并在 2024 年 1 月及 7 月分别公布了第一批 13 个重点事项及新一批 8 个重点事项。在两批发布的 21 个重点事项清单中，涉税事项有 8 件，包括企业迁移登记“一件事”、企业数据填报“一件事”等。这些涉税任务，不仅是企业群众的“愿望”清单，也是税务部门的责任清单。

进入 2025 年，“高效办成一件事”清单再度扩围。

2025 年 1 月 13 日，国办印发《“高效办成一件事”2025 年度第一批重点事项清单》，列出 12 项重点事项，其中由税务部门牵头的 5 项，分别是：个体工商户转型为企业的“清税信息核验”，科技成果转化的“现行相关税收优惠政策宣传辅导”，新车上牌的“车辆购置税完税证明和机动车销售统一发票信息共享核查”，个人创业的“纳税人信息确认”，家电以旧换新和手机等购新补贴申请（2025 年度）的“发票核验”。

高效规范、公平竞争、充分开放，是全国统一大市场的特征。各地税务部门在此基础上，持续推进“高效办成一件事”，税收营商环境的优化在“横向协作”和“纵向联动”中持续推进，从而成为经济高质量发展的有力支撑。

从春天出发，收官之年，稳步开局。不难看出，在中国号巨轮劈波斩浪的航程中，税收主动融入大局、有力服务大局，始终锚定高质量发展，有力有为有效地发挥职能作用，在推进中国式现代化进程中贡献着自己的力量。

（作者单位：中国税务出版社）

2024年9月底以来近5个月 我国经济回升向好态势不断显现

国家税务总局最新发布的增值税发票数据显示，2024年10月至2025年2月，全国企业销售收入增速较2024年三季度提高**1.1个百分点**。发票数据反映经济运行呈现以下五方面亮点。

*一是制造业稳定增长，装备制造支撑作用较强。*增值税发票数据显示，2024年10月至2025年2月的制造业销售收入同比增长3.6%。其中，装备制造业销售收入同比增长8.7%，特别是铁路船舶航空航天设备制造业、计算机通信设备制造业销售收入增速较快，分别同比增长9.3%和11%。

*二是新兴产业增势良好，新质生产力加快发展。*增值税发票数据显示，2024年10月至2025年2月的高技术产业销售收入同比增长10.6%，其中，高技术服务业、高技术制造业销售收入分别同比增长11.7%和9%；同期数字经济核心产业销售收入同比增长5.6%，其中，数字产品制造业、数字技术应用业销售收入分别同比增长8.4%和9.5%。

*三是设备更新稳步推进，消费品以旧换新持续向好。*增值税发票数据显示，2024年10月至2025年2月，在大规模设备更新政策的带动下，全国企业采购机械设备金额同比增长7.1%；受国家鼓励、地方政府支持和企业让利等因素带动，电视机等家用视听设备零售、冰箱等日用家电零售分别同比增长23.3%和56.1%，与家装相关的家具零售、卫生洁具零售分别同比增长28.5%和17.4%。

*四是生态环保服务增长较快，清洁能源产业发展迅速。*增值税发票数据显示，2024年10月至2025年2月，新能源、节能、环保等绿色技术推广服务销售收入分别同比增长29.3%、26.8%和12.1%，太阳能、生物质能、风力发电等清洁能源产业销售收入同比分别增长26.7%、10.9%和6.1%。

*五是省际贸易持续畅通，统一大市场建设有序推进。*增值税发票数据显示，2024年10月至2025年2月，省际销售占全国企业销售收入比重近四成，较同期提高0.4个百分点；交通运输物流业销售收入同比增长8.3%，其中与外贸相关的远洋货物运输、货物运输代理业销售收入分别同比增长25%和27.6%。

2024年四季度我国经济运行呈现六方面亮点

国家税务总局公布的增值税发票数据显示，伴随去年9月26日以来党中央、国务院一揽子增量政策和前期已出台的存量政策持续落地显效，2024年四季度全国企业销售收入明显改善，经济运行呈现六方面亮点。

——*制造业发展提速，装备制造支撑作用较强*。2024年四季度，制造业销售收入同比增长3.8%，较三季度增速提高2.4个百分点。其中，装备制造业销售收入同比增长8.3%，较三季度增速提高4个百分点。特别是铁路船舶航空航天设备制造业、计算机通信设备制造业、通用设备制造业销售收入四季度增速较快，同比分别增长16.5%、10.9%和8%。

——*新兴产业持续较快增长，新质生产力加快发展*。2024年四季度，高技术产业销售收入同比增长10.6%，延续两位数较快增长。其中，高技术服务业、高技术制造业销售收入同比分别增长11.1%和10%。四季度，数字经济核心产业销售收入同比增长5.5%。其中，数字产品制造业、数字技术应用业销售收入同比分别增长6.9%和8.3%。

——*生态环保服务稳步增长，清洁能源产业发展迅速*。2024年四季度，新能源、节能、环保等绿色技术推广服务销售收入同比分别增长21.2%、21.8%和16.3%。清洁能源产业保持较快增长，太阳能、生物质能、风力发电销售收入同比分别增长17.9%、12.7%和5%。绿色出行需求持续增长，带动新能源车整车制造业销售收入同比增长28.1%。

——*设备更新稳步提速，消费品以旧换新持续向好*。2024年四季度，在大规模设备更新政策带动下，全国企业采购机械设备金额同比增长7.5%，较三季度增速提高2.2个百分点。受国家鼓励、地方政府支持和企业让利等因素带动，电视机等家用视听设备零售、冰箱等日用家电零售同比分别增长38.1%和75.4%；与家装相关的家具零售、卫生洁具零售同比分别增长39.4%和26.3%，均显著快于三季度增速。

——*基建投资回升，“两重”项目加快落地*。2024年四季度，反映基建投资的土木工程建筑业销售收入增速较三季度明显提升，特别是随着一揽子化债政策落地，12月份销售收入同比增长7%，有力促进“两重”等重点基建项目建设。其中，水利水运工程建筑业销售收入同比增长17.7%，较三季度增速提高7.6个百分点。建筑工程用机械制造销售收入同比增长6.3%，反映建筑施工投入加快。

——*省际贸易持续畅通，统一大市场建设有序推进*。2024年四季度，反映省际间贸易往来的全国省际间贸易销售额同比增长3.3%，较三季度进一步提升。交通运输物流业销售收入同比增长8.4%，其中与外贸相关的远洋货物运输、货物运输代理业销售收入同比分别增长31.4%和31.3%。

2024年减税降费及退税超2.6万亿元 有力支持科技创新和制造业发展

近日，国家税务总局发布的最新数据显示，2024年，现行支持科技创新和制造业发展的主要政策减税降费及退税达26293亿元，助力我国新质生产力加速培育、制造业高质量发展。

2024年，税务部门精准落实结构性减税降费政策，重点支持科技创新和制造业发展。分政策类型看，支持加大科技投入和成果转让的研发费用加计扣除等政策减税降费及退税8069亿元；支持破解“卡脖子”难题和科技人才引进及培养的集成电路和工业母机企业增值税加计抵减等政策减税降费1328亿元；支持培育发展高新技术企业和新兴产业的高新技术企业减按15%税率征收企业所得税、新能源汽车免征车辆购置税等政策减税4662亿元；支持设备更新和技术改造的政策减税1140亿元；支持制造业高质量发展的先进制造业企业增值税加计抵减和留抵退税等政策减税降费及退税11094亿元。

在结构性减税降费政策等一系列政策措施作用下，科技创新能力不断增强。增值税发票数据显示，2024年，高技术产业销售收入同比较全国总体增速快9.6个百分点，反映创新产业增长较快；全国科技成果转化服务销售收入同比增长27.1%，较高技术服务业增速快14.3个百分点，说明科研结果加快转化为实际生产力；数字经济核心产业同比增长7.1%，全国企业采购数字技术金额同比增长7.4%，折射出数实融合有序推进。

在税费优惠等各方面政策的支持带动下，我国制造业稳步发展。增值税发票数据显示，2024年，制造业企业销售收入较全国总体增速快2.2个百分点。其中，装备制造业、数字产品制造业、高技术制造业销售收入同比分别增长6.2%、8.3%和9%，特别是计算机制造、通信及雷达设备制造、智能设备制造等先进制造业销售收入同比分别增长14.4%、19%和10.1%，反映出制造业向高端化、智能化稳步推进。

2024年支持科技创新和制造业发展主要政策减税降费及退税6成惠及民营经济

国家税务总局最新发布的数据显示，2024年，现行支持科技创新和制造业发展的主要政策减税降费及退税26293亿元，其中民营经济纳税人（包括民营企业和个体工商户）享受相关政策减税降费及退税15870亿元，占比达60.4%。

据国家税务总局纳税服务司负责人介绍，2024年税务部门持续健全“税企面对面”常态化交流机制，建立民营经营主体直联点，全方位收集、高效率解决税费诉求；持续开展“春雨润苗”专项行动、“中小企业服务月”和“全国个体工商户服务月”活动，累计组织开展宣传辅导活动7万余场次，惠及小微经营主体1039万户次，组织“走流程 听建议”活动4000余场次，收集响应个体工商户诉求3.8万余条；开展新办户“开业第一课”，提供“一站式”“套餐式”服务，向全国1096万新办户推送针对性宣传产品1428万条，持续提升“政策找人”的精准度和覆盖面，促进应享快享。

一系列税费优惠等多方面的政策有效激发了民营经营主体活力。税收数据显示，2024年民营经济销售收入增速比全国企业平均水平高0.5个百分点。其中，高技术制造业、数字经济核心产业销售收入同比分别增长13%和4.7%，较全国同行业企业分别高1.8个和1.7个百分点。

2024年专精特新“小巨人”高质量发展持续推进

国家税务总局最新数据显示，2024年，“小巨人”企业销售收入增速高于全国平均水平**2.1个百分点**。

据国家税务总局相关司局负责人介绍，目前“小巨人”企业总体呈现以下三方面亮点：

一是民营企业和实体经济占比大。2024年，民营“小巨人”企业户数占全部“小巨人”企业比重达88.8%，销售收入占比达85.4%；制造业"小巨人"企业以82%的户数占比贡献了全部"小巨人"企业销售收入的90.6%，销售收入同比增长3.2%，其中，计算机通信电子设备制造业、汽车制造业等先进制造业涨势明显，销售收入同比分别增长13.3%、11.2%。

二是数字经济与科技创新双轮驱动。2024年，数字经济产业"小巨人"企业销售收入增长9.4%。其中，以软件开发为代表的数字技术应用业、以智能设备制造为代表的数字产品制造业、以数据资源与交易为代表的数字要素驱动业均实现较快增长，同比分别增长11.5%、9.1%和5.6%。从销售看，2024年高技术产业"小巨人"企业销售收入同比增长9.6%；从购进看，2024年"小巨人"企业购进研发和技术服务同比增长7.8%，呈平稳较快增长态势。

三是海外出口多元发展。2024年，全国"小巨人"企业出口金额同比增长12.1%。从出口商品看，集成电路、医疗器具出口额上涨超25%，机动车辆及零配件上涨超11%；从出口市场看，对东盟、欧盟、美国等地出口均有不同程度上涨，其中对东盟出口额大幅增长30.3%，展现了强大的外贸韧性和活力。

2024年递延纳税政策吸引外商在华再投资同比增长15%

国家税务总局最新数据显示，2024年，享受递延纳税政策的外商在华再投资金额达1622.8亿元，同比增长15%，再创新高。

据国家税务总局国际税务司有关负责人介绍，具体来看外商在华再投资有四方面亮点：一是共建"一带一路"国家投资者再投资金额增长迅猛。2024年，共建"一带一路"国家投资者享受递延纳税的再投资金额同比大幅增长95.7%。其中，新加坡、韩国投资者再投资金额同比分别增长1.4倍和66.5%。二是日本、美国投资者投资金额稳步增长。2024年，日本、美国投资者再投资金额同比分别增长1.6倍和26%。三是再投资行业持续扩围。2024年，再投资资金流向企业涉及68个行业大类，较上年增加3个行业大类。其中，专用设备制造业、医药制造业吸引外商再投资金额同比分别增长1.3倍和24%。四是西部地区再投资吸引力增强。2024年，西北、西南等西部地区再投资增长较快，吸引外商再投资金额同比增长60.6%。

房地产税收新政实施首月新增减免税 116.9 亿元

2024 年 12 月 1 日起一系列房地产税收减免新政策落地实施，最新数据显示，新政实施首月新增减免税 116.9 亿元，减税红利释放，促进房地产市场平稳健康发展。

国家税务总局财产和行为税司有关负责人介绍，新政包括三方面内容：

一是将个人购买住房契税享受 1% 较低优惠政策的住房面积标准由原来的 90 平方米提高到 140 平方米，这一政策新增减税 65 亿元。住房面积标准扩围后，个人购买住房享受 1% 契税最低优惠税率的家庭达到 140.7 万户，占全部享受契税优惠政策家庭的 89.4%，较政策实施前提高了 14.4 个百分点。其中，个人购买家庭唯一或第二套住房在 90 平方米至 140 平方米之间的家庭占比 62.9%，这些购房群众缴纳契税的税率从 1.5% 或 2% 一律降至 1%，实实在在享受到了“真金白银”的政策红利。

二是将北京、上海、广州和深圳购买第二套住房纳入契税优惠政策范围，新增减税 25.8 亿元。4 个城市符合二套房条件的纳税人分别减税 8 亿元、9.4 亿元、2.5 亿元和 5.9 亿元，分别相应惠及 9677 户、15572 户、5998 户、4727 户家庭。

三是调整了北上广深个人转让住房增值税政策，对北上广深个人转让购买满 2 年的住房，不再区分普通住宅和非普通住宅，统一免征增值税。新政实施首月，个人转让原非普通住宅新增免税 26.1 亿元，北上广深 4 城个人转让住房套数较上月增长 71%。

2025年一季度财政收支情况

一、全国一般公共预算收支情况

（一）一般公共预算收入情况

一季度，全国一般公共预算收入60189亿元，同比下降1.1%。其中，全国税收收入47450亿元，同比下降3.5%；非税收入12739亿元，同比增长8.8%。分中央和地方看，中央一般公共预算收入24332亿元，同比下降5.7%；地方一般公共预算本级收入35857亿元，同比增长2.2%。

主要税收收入项目情况如下：

1. 国内增值税20467亿元，同比增长2.1%。

2. 国内消费税5222亿元，同比增长2.2%。

3. 企业所得税10980亿元，同比下降6.8%。

4. 个人所得税4540亿元，同比增长7.1%。

5. 进口货物增值税、消费税4064亿元，同比下降8.7%。关税483亿元，同比下降14.8%。

6. 出口退税7549亿元，同比增长14%。

7. 城市维护建设税1418亿元，同比增长2.4%。

8. 车辆购置税506亿元，同比下降27.6%。

9. 印花税1075亿元，同比增长21.1%。其中，证券交易印花税411亿元，同比增长60.6%。

10. 资源税724亿元，同比下降2.6%。

11. 契税1272亿元，同比下降15.8%。

12. 房产税1202亿元，同比增长14.3%。

13. 城镇土地使用税654亿元，同比增长5.7%。

14. 土地增值税1498亿元，同比下降17.4%。

15. 耕地占用税491亿元，同比下降1.6%。

16. 环境保护税70亿元，同比增长18.1%。

17. 车船税、船舶吨税、烟叶税等其他各项税收收入合计333亿元，同比增长1.7%。

（二）一般公共预算支出情况

一季度，全国一般公共预算支出72815亿元，同比增长4.2%。分中央和地方看，中央一般公共预算本级支出8717亿元，同比增长8.9%；地方一般公共预算支出64098亿元，同比增长3.6%。

主要支出科目情况如下：

1. 教育支出11249亿元，同比增长7.8%。

2. 科学技术支出2001亿元，同比增长3.3%。

3. 文化旅游体育与传媒支出844亿元，同比增长3.9%。

4. 社会保障和就业支出13570亿元，同比增长7.9%。

5. 卫生健康支出5848亿元，同比增长2.2%。

6. 节能环保支出1302亿元，同比增长6.5%。

7. 城乡社区支出5384亿元，同比下降4.1%。

8. 农林水支出4882亿元，同比下降5.8%。

9. 交通运输支出3069亿元，同比下降1.8%。

10. 债务付息支出2856亿元，同比增长18%。

二、全国政府性基金预算收支情况

（一）政府性基金预算收入情况

一季度，全国政府性基金预算收入9247亿元，同比下降11%。分中央和地方看，中央政府性基金预算收入1086亿元，同比增长6%；地方政府性基金预算本级收入8161亿元，同比下降12.9%，其中，国有土地使用权出让收入6849亿元，同比下降 15.9%。

（二）政府性基金预算支出情况

一季度，全国政府性基金预算支出 19769 亿元，同比增长 11.1%。分中央和地方看，中央政府性基金预算本级支出 579 亿元，同比增长 67.6%；地方政府性基金预算支出 19190 亿元，同比增长 10%，其中，国有土地使用权出让收入相关支出 10879 亿元，同比下降 11%。

（来源：中华人民共和国财政部网站）

2025 年第一季度国民经济开局良好

初步核算，一季度国内生产总值 318758 亿元，按不变价格计算，同比增长 5.4%，比上年四季度环比增长 1.2%。分产业看，第一产业增加值 11713 亿元，同比增长 3.5%；第二产业增加值 111903 亿元，增长 5.9%；第三产业增加值 195142 亿元，增长 5.3%。

农业

4.0%

农业（种植业）增加值同比增长 4.0%。冬小麦播种面积稳中略增，长势总体较好，春耕春播平稳有序推进。

消费

124671 亿元

4.6%

社会消费品零售总额 124671 亿元，同比增长 4.6%，比上年全年加快 1.1 个百分点。服务零售额同比增长 5.0%。

工业

6.5%

全国规模以上工业增加值同比增长 6.5%，比上年全年加快 0.7 个百分点。1—2 月份，全国规模以上工业企业实现利润总额 9110 亿元，同比下降 0.3%，降幅比上年全年收窄 3.0 个百分点。

服务业

5.3%

服务业增加值同比增长 5.3%，比上年全年加快 0.3 个百分点。1—2 月份，规模以上服务业企业营业收入同比增长 8.2%，比上年全年加快 1.0 个百分点。

投资

103174亿元
4.2%↑

全国固定资产投资（不含农户）103174亿元，同比增长4.2%，比上年全年加快1.0个百分点。3月份，固定资产投资（不含农户）环比增长0.15%。

进出口

103013亿元
1.3%↑

货物进出口总额103013亿元，同比增长1.3%。其中，出口61314亿元，增长6.9%；进口41700亿元，下降6.0%。

居民消费价格

0.1%↓

全国居民消费价格（CPI）同比下降0.1%。

失业率

平均值 5.3%

全国城镇调查失业率平均值为5.3%。全国企业就业人员周平均工作时间为48.5小时。

居民收入

12179元
5.5%↑

全国居民人均可支配收入12179元，同比名义增长5.5%，扣除价格因素实际增长5.6%。居民人均可支配收入中位数9939元，同比名义增长5.0%。

一季度，随着各项宏观政策继续发力显效，国民经济起步平稳、开局良好，延续回升向好态势，创新引领作用增强，发展新动能加快培育壮大。

（来源：国家统计局网站）

2025年1月1日开始施行的税费政策

1.《国务院关税税则委员会关于发布〈中华人民共和国进出口税则（2025）〉的公告》（税委会公告2024年第13号）

政策要点 根据《中华人民共和国关税法》相关规定，国务院关税税则委员会公布《中华人民共和国进出口税则（2025）》，自2025年1月1日起实施。

2.《国务院关税税则委员会关于2025年关税调整方案的公告》（税委会公告2024年第12号）

政策要点 根据《中华人民共和国关税法》及相关规定，自2025年1月1日起，对部分商品的进口关税税率和税目进行调整。

3.《人力资源社会保障部　财政部　国家税务总局关于大龄领取失业保险金人员参加企业职工基本养老保险有关问题的通知》（人社部发〔2024〕76号）

政策要点 （1）关于人员范围。大龄领取失业保险金人员（以下简称大龄领金人员）是指领取失业保险金且距离法定退休年龄不足1年的失业人员，含领取失业保险金期满仍未就业且距离法定退休年龄不足1年而继续发放失业保险金至法定退休年龄的失业人员。

（2）关于支付标准。大龄领金人员在失业保险金领取地以个人身份参加企业职工基本养老保险并缴费，其中按当地灵活就业人员最低缴费标准的部分由失业保险基金支付，从“失业保险待遇支出”科目列支。

（3）关于停缴情形。大龄领金人员达到法定退休年龄时，或出现法定停止领取失业保险金情形的，停止享受由失业保险基金缴纳企业职工基本养老保险费。

（4）执行期间为2025年1月1日至2039年12月31日。

4.《人力资源社会保障部　财政部关于印发〈企业职工基本养老保险病残津贴暂行办法〉的通知》（人社部发〔2024〕72号）

政策要点 （1）自2025年1月1日起，参保人员达到法定退休年龄前因病或者非因工致残经鉴定为完全丧失劳动能力的，可以申请按月领取病残津贴。

（2）参保人员申请病残津贴时，累计缴费年限（含视同缴费年限，下同）满领取基本养老金最低缴费年限且距离法定退休年龄5年（含）以内的，病残津贴月标准执行参保人员待遇领取地退休人员基本养老金计发办法，并在国家统一调整基本养老金水平时按待遇领取地退休人员政策同步调整。领取病残津贴人员达到法定退休年龄时，应办理退休手续，基本养老金不再重新计算。符合弹性提前退休条件的，可申请弹性提前退休。

（3）参保人员申请病残津贴时，累计缴费年限满领取基本养老金最低缴费年限且距离法定退休年龄5年以上的，病残津贴月标准执行参保人员待遇领取地退休人员基础养老金计发办法，并在国家统一调整基本养老金水平时按照基本养老金全国总体调整比例同步调整。

（4）参保人员申请病残津贴时，累计缴费年限不满领取基本养老金最低缴费年限的，病残津贴月标准执行参保人员待遇领取地退休人员基础养老金计发办法，并在国家统一调整基本养老金水平时按照基本养老金全国总体调整比例同步调整。参保人员累计缴费年限不足5年的，支付12个月的病残津贴；累计缴费年限满5年以上的，每多缴费1年（不满1年按1年计算），增加3个月的病残津贴。

（5）参保人员领取病残津贴期间，不再缴纳基本养老保险费。继续就业并按国家规定缴费的，自恢复缴费次月起，停发病残津贴。

2025年2月1日开始施行的税费政策

1.《财政部　海关总署　税务总局关于调整海南自由贸易港原辅料“零关税”政策的通知》（财关税〔2025〕1号）

政策要点 调整海南自由贸易港原辅料“零关税”政策有关事项，主要内容包括：

（1）增加未烘焙咖啡、乙烯、机器零件等297项商品至海南自由贸易港“零关税”原辅料清单。

（2）用于维修按照《财政部　海关总署　税务总局关于海南自由贸易港交通工具及游艇“零关税”政策的通知》（财关税〔2020〕54号）、《财政部　海关总署　税务总局关于海南自由贸易港自用生产设备“零关税”政策的通知》（财关税〔2021〕7号）、《财政部　海关总署　税务总局关于调整海南自由贸易港自用生产设备“零关税”政策的通知》（财关税〔2022〕4号）进口的“零关税”游艇、自用生产设备（含相关零部件），免征进口关税、进口环节增值税和消费税。未征得海关同意并补缴进口关税、进口环节增值税和消费税，“零关税”零部件不得挪作他用。

（3）将《财政部　海关总署　税务总局关于海南自由贸易港原辅料“零关税”政策的通知》（财关税〔2020〕42号）第四条修改为：“零关税”原辅料仅限海南自由贸易港内企业生产使用，接受海关监管，不得转让。因企业依法破产等原因，确需转让“零关税”原辅料的，转让前应征得海关同意并办理补缴税款等手续。其中，“零关税”原辅料转让给符合享受政策条件主体的，免征进口关税、进口环节增值税和消费税。“零关税”原辅料加工制造的货物转让时，需补缴原辅料的进口关税、进口环节增值税和消费税。上述转让行为，照章征收国内环节增值税、消费税。

“零关税”原辅料及加工制造的货物出口，按现行出口货物有关税收政策执行。

（4）通知自2025年2月1日起实施。

2.《国家税务总局关于调整增值税纳税申报有关事项的公告》（国家税务总局公告2025年第2号）

政策要点 （1）税务机关为纳税人提供适用增值税征税政策的出口货物信息数据归集服务。纳税人出口适用增值税征税政策的货物，在办理增值税纳税申报时，登录全国统一规范电子税务局，完成出口货物信息数据的用途确认。从事进料加工复出口业务的纳税人在出口货物信息数据用途确认时，需要填报对应出口货物耗用的进料加工保税进口料件金额。

（2）根据相关政策规定，调整《增值税及附加税费申报表（一般纳税人适用）》及其附列资料填写说明、《增值税及附加税费预缴表》及其附列资料填写说明。

（3）公告自2025年2月1日起施行。《国家税务总局关于增值税 消费税与附加税费申报表整合有关事项的公告》（国家税务总局公告2021年第20号）附件2和附件6同时废止。

2025年3月1日开始施行的税费政策

《工业和信息化部 财政部 海关总署 国家税务总局 国家能源局关于调整重大技术装备进口税收政策有关目录的通知》（工信部联重装〔2025〕26号）

政策要点

（1）附件——《国家支持发展的重大技术装备和产品目录（2025年版）》、《重大技术装备和产品进口关键零部件、原材料商品目录（2025年版）》和《进口不予免税的重大技术装备和产品目录（2025年版）》自2025年3月1日起执行。

（2）对2025年2月28日前（含2月28日）批准的按照或比照《国务院关于调整进口设备税收政策的通知》（国发〔1997〕37号）规定享受进口税收优惠政策的项目和企业，在2025年8月31日前（含8月31日）进口设备，继续按照《工业和信息化部 财政部 海关总署 国家税务总局 国家能源局关于调整重大技术装备进口税收政策有关目录的通知》（工信部联重装〔2021〕198号）和《财政部 国家发展改革委 海关总署 国家税务总局关于调整〈国内投资项目不予免税的进口商品目录〉的公告》（2012年第83号）执行。

（3）对2025年2月28日前（含2月28日），举办的中国国际进口博览会、中国国际服务贸易交易会以及中西部地区国际性展会展期内销售的进口展品税收优惠政策项下的国际性展会，展期内销售的进口展品继续按照工信部联重装〔2021〕198号文执行；2025年3月1日以后举办的，按通知执行。

（4）工信部联重装〔2021〕198号文自2025年3月1日起废止。

国家税务总局关于优化企业所得税年度纳税申报表的公告

2025 年 1 月 8 日　国家税务总局公告 2025 年第 1 号

为贯彻落实《中华人民共和国企业所得税法》及有关政策，税务总局对《中华人民共和国企业所得税年度纳税申报表（A 类，2017 年版）》的部分表单和填报说明进行修订。现公告如下：

一、取消《免税、减计收入及加计扣除优惠明细表》（A107010）、《减免所得税优惠明细表》（A107040）。

二、对《企业所得税年度纳税申报表填报表单》、《中华人民共和国企业所得税年度纳税申报表（A 类）》（A100000）、《资产折旧、摊销及纳税调整明细表》（A105080）、《研发费用加计扣除优惠明细表》（A107012）、《税额抵免优惠明细表》（A107050）、《跨地区经营汇总纳税企业年度分摊企业所得税明细表》（A109000）、《企业所得税汇总纳税分支机构所得税分配表》（A109010）的表单样式及填报说明进行修订。其中，《中华人民共和国企业所得税年度纳税申报表（A 类）》（A100000）调整为《企业所得税年度纳税申报主表》（A100000）。

三、对《一般企业收入明细表》（A101010）、《金融企业收入明细表》（A101020）、《一般企业成本支出明细表》（A102010）、《金融企业支出明细表》（A102020）、《事业单位、民间非营利组织收入、支出明细表》（A103000）、《期间费用明细表》（A104000）、《纳税调整项目明细表》（A105000）、《企业所得税弥补亏损明细表》（A106000）、《符合条件的居民企业之间的股息、红利等权益性投资收益优惠明细表》（A107011）、《所得减免优惠明细表》（A107020）、《抵扣应纳税所得额明细表》（A107030）、《高新技术企业优惠情况及明细表》（A107041）、《软件、集成电路企业优惠情况及明细表》（A107042）、《境外所得税收抵免明细表》（A108000）、《境外所得纳税调整后所得明细表》（A108010）的填报说明进行修订。

四、企业申报免税收入等优惠事项时，根据《企业所得税申报事项目录》中的事项名称填报。《企业所得税申报事项目录》在国家税务总局网站“纳税服务”栏目另行发布，并根据政策调整情况适时更新。

五、企业发生股权（股票）处置业务的，按税收规定属于企业重组的，在《企业重组及递延纳税事项纳税调整明细表》（A105100）中填报重组情况；按税收规定确认为损失的，在《资产损失税前扣除及纳税调整明细表》（A105090）填报损失情况；除此之外，均应在《投资收益纳税调整明细表》（A105030）中填报处置收益相关情况。

六、本公告适用于 2024 年度及以后年度企业所得税汇算清缴申报。《国家税务总局关于发布〈中华人民共和国企业所得税年度纳税申报表（A 类，2017 年版）〉的公告》（2017 年第 54 号）、《国家税务总局关于修订企业所得税年度纳税申报表有关问题的公告》（2019 年第 41 号）、《国家税务总局关于修订企业所得税年度纳税申报表的公告》（2020 年第 24 号）、《国家税务总局关于企业所得税年度汇算清缴有关事项的公告》（2021 年第 34 号）、《国家税务总局关于企业所得税年度纳税申报有关事项的公告》

（2022年第27号）中的上述表单和填报说明同时废止。

特此公告。

附件：《中华人民共和国企业所得税年度纳税申报表（A类，2017年版）》部分表单及填报说明（2024年修订）

扫码阅读

政策解读

关于《国家税务总局关于优化企业所得税年度纳税申报表的公告》的解读

为贯彻落实《中华人民共和国企业所得税法》及有关税收政策，进一步减轻企业办税负担，税务总局发布《国家税务总局关于优化企业所得税年度纳税申报表的公告》（以下简称《公告》）。现解读如下：

一、有关背景

2024年，为落实《国务院关于印发〈推动大规模设备更新和消费品以旧换新行动方案〉的通知》（国发〔2024〕7号）要求，财政部联合我局出台了节能节水、环境保护和安全生产专用设备数字化、智能化改造企业所得税优惠政策。为落实好上述政策，结合纳税人反映较多的财务报表样式更新等新情况，税务总局对《中华人民共和国企业所得税年度纳税申报表（A类，2017年版）》的部分表单进行了修订，进一步提升服务管理质效。

二、主要内容

本次修订主要涉及8张表单，其中取消2张表单、修订6张表单。此外，对《企业所得税年度纳税申报表填报表单》和其余15张关联表单中关于表间关系的填报说明进行同步调整。主要修订内容如下：

（一）《企业所得税年度纳税申报主表》（A100000）

一是修改表单名称。考虑到《中华人民共和国企业所得税年度纳税申报表（A类）》（A100000）的名称与整个申报表的名称容易混淆，将该表单名称修改为《企业所得税年度纳税申报主表》。

二是调整行次设置。结合新收入准则、租赁准则、金融工具和金融资产相关准则，根据最新财务报表样式优化调整“利润总额计算”相关行次。同时，增加“稽查查补（退）所得税额”、“特别纳税调整补（退）所得税额”行次，便利纳税人在稽查查处以及特别纳税调整后更正申报。

三是优化优惠事项填报方式。取消《免税、减计收入及加计扣除优惠明细表》（A107010）和《减免所得税优惠明细表》（A107040），将“免税、减计收入及加计扣除”和“减免所得税额”相关优惠事项整合至主表。纳税人可根据《企业所得税申报事项目录》在主表相应行次选择填报。

（二）《资产折旧、摊销及纳税调整明细表》（A105080）

参照主表优惠事项填报方式，对《资产折旧、摊销及纳税调整明细表》（A105080）进行调整，将表单中涉及固定资产和无形资产加速折旧或摊销的优惠项目整合到第28行至第29行填报。纳税人可根据《企业所得税申报事项目录》选择填报。

（三）《研发费用加计扣除优惠明细表》（A107012）

考虑到《财政部　税务总局　科技部关于加大支持科技创新税前扣除力度的公告》（2022年第28

号）已经废止，纳税人无需分别计算前三季度、第四季度研发费用金额。因此，删除了《研发费用加计扣除优惠明细表》（A107012）中的相关行次，并对“加计扣除比例及计算方法”的填报口径进行调整。

（四）《税额抵免优惠明细表》（A107050）

根据《财政部　税务总局关于节能节水、环境保护、安全生产专用设备数字化智能化改造企业所得税政策的公告》（2024年第9号）规定，将原《税额抵免优惠明细表》（A107050）中“专用设备投资情况填报信息”固定行次变更为可增加的明细行次，同时增加“投资类型”、“投资额”、“抵免比例”、“可抵免税额”等填报项目，满足新政策填报需要。

（五）《跨地区经营汇总纳税企业年度分摊企业所得税明细表》（A109000）、《企业所得税汇总纳税分支机构所得税分配表》（A109010）

结合汇总纳税企业申报情况，优化总分机构分摊税款计算方法，并对《跨地区经营汇总纳税企业年度分摊企业所得税明细表》（A109000）及《企业所得税汇总纳税分支机构所得税分配表》（A109010）的表样和填报说明进行调整。按照调整后的规则，企业先对全年应纳税款进行分摊，再由总、分机构分别抵减其已分摊预缴税款，并计算本年应补退税金额。举例说明如下：

【案例】甲公司是2023年在北京市注册成立的企业，不属于小型微利企业。甲公司分别在山东省、天津市、河北省设立了分支机构A、B、C。2024年，甲企业全年预缴了250万元，其中，总机构预缴了125万元，A、B和C按照50%、30%、20%的分摊比例，分别预缴了62.5万元、37.5万元、25万元。甲公司2024年度汇缴应纳税额300万元，并发现分支机构A、B三因素填写错误，A的分配比例是30%，B的分配比例是50%。

1. 原计算方法

第一步，整体计算企业本年应补（退）税额。

甲企业应补（退）税额：300−250=50万元

第二步，根据分摊比例分别计算总分机构应补退税额。

总机构应补（退）税额：50×50%=25万元

分支机构A应补（退）税额：50×50%×30%=7.5万元

分支机构B应补（退）税额：50×50%×50%=12.5万元

分支机构C应补（退）税额：50×50%×20%=5万元

2. 新计算方法

第一步，根据分摊比例计算总分机构全年实际应纳所得税额。

甲企业：300万元

总机构：300×50%=150万元

分支机构A：300×50%×30%=45万元

分支机构B：300×50%×50%=75万元

分支机构C：300×50%×20%=30万元

第二步，计算总分机构分摊应补（退）所得税额。

总机构应补（退）税额：150−125=25万元

分支机构A应补（退）税额：45−62.5=−17.5万元

分支机构B应补（退）税额：75−37.5=37.5万元

分支机构C应补（退）税额：30−25=5万元

分支机构名称	分支机构分摊比例		应补（退）所得税额	
	预缴	汇缴	原计算方法	新计算方法
分支机构A	50%	30%	7.5万元	−17.5万元
分支机构B	30%	50%	12.5万元	37.5万元
分支机构C	20%	20%	5万元	5万元
合计	100%	100%	25万元	25万元

需要说明的是，汇总纳税企业如果不存在分摊税款计算不准确的情形，无论按原计算方法，还是按新计算方法，结果都是一样的。但是，若汇总纳税企业预缴环节未准确计算分摊税款，新计算方法可通过全量分摊方式，对全年分摊税款重新计算，实现多退少补。案例中，由于分支机构A和分支机构B在预缴环节分摊税款不准确，按新计算方法计算后，分支机构A在汇算清缴时应退税17.5万元，分支机构B应补税37.5万元，实现了对预缴未准确分摊税款的调整；由于分支机构C不存在分摊税款不准确的情形，无论按哪种方法计算，分支机构C在汇算清缴时均应补税5万元。

（六）《一般企业收入明细表》（A101010）等部分表单填报说明

根据表单样式调整情况，同步对关联表单的填报说明进行了修改。

（七）其他需要说明的问题

《公告》进一步重申了股权（股票）投资处置的填报要求，企业应按照相关规定准确填报有关事项，如实履行申报义务。企业发生股权（股票）处置业务的，应区分三种情形分别填报：

一是按税收规定属于企业重组的，在《企业重组及递延纳税事项纳税调整明细表》（A105100）中填报重组情况；

二是不属于企业重组，但按税收规定确认为损失的，在《资产损失税前扣除及纳税调整明细表》（A105090）填报损失情况；

三是除上述两种情形之外，均应在《投资收益纳税调整明细表》（A105030）中填报处置收益相关情况。

三、实施时间

《公告》适用于2024年度和以后年度企业所得税汇算清缴纳税申报。今后如出台新政策，按照新政策相关规定填报。以前年度企业所得税纳税申报表相关规则与本《公告》不一致的，不进行追溯调整。纳税人调整以前年度涉税事项的，按照相应年度的企业所得税纳税申报表相关规则调整。

商务部等8部门办公厅
关于做好2025年汽车以旧换新工作的通知

2025年1月14日　商办消费函〔2025〕8号

各省、自治区、直辖市及新疆生产建设兵团商务、发展改革、工业和信息化、公安、生态环境、税务、市场监管部门，各省、自治区、直辖市财政厅（局），新疆生产建设兵团财政局，财政部各地监管局：

为贯彻落实《国务院关于印发〈推动大规模设备更新和消费品以旧换新行动方案〉的通知》（国发〔2024〕7号）精神，根据《国家发展改革委　财政部关于2025年加力扩围实施大规模设备更新和消费品以旧换新政策的通知》（发改环资〔2025〕13号）要求，做好2025年汽车以旧换新工作，现将有关事项通知如下：

一、扩大汽车报废更新支持范围

在《商务部等7部门关于进一步做好汽车以旧换新有关工作的通知》（商消费函〔2024〕392号）基础上，将符合条件的国四排放标准燃油乘用车纳入可申请报废更新补贴的旧车范围。2025年，对个人消费者报废 2012 年 6 月 30 日（含当日，下同）前注册登记的汽油乘用车、2014 年 6 月 30 日前注册登记的柴油及其他燃料乘用车，或 2018 年 12 月 31 日前注册登记的新能源乘用车，并购买纳入工业和信息化部《减免车辆购置税的新能源汽车车型目录》的新能源乘用车或 2.0 升及以下排量燃油乘用车，给予一次性定额补贴。对报废上述符合条件旧车并购买新能源乘用车的，补贴 2 万元；对报废上述符合条件燃油乘用车并购买 2.0 升及以下排量燃油乘用车的，补贴 1.5 万元。在一个自然年度内，每位个人消费者最多享受一次汽车报废更新补贴。

拟申请汽车报废更新补贴的个人消费者，应通过登录全国汽车流通信息管理系统网站或“汽车以旧换新”小程序（以下简称“全国汽车以旧换新平台”），填报个人身份信息，报废汽车的车辆识别代号和《报废机动车回收证明》《机动车注销证明》原件照片或扫描件，新车的车辆识别代号和《机动车销售统一发票》《机动车登记证书》原件照片或扫描件等，向补贴受理地（即《机动车销售统一发票》开具地）提交补贴申请。

上述《报废机动车回收证明》《机动车注销证明》《机动车销售统一发票》《机动车登记证书》（以下简称 4 类证明），均应自 2025 年 1 月 1 日起取得。其中，《报废机动车回收证明》应由有资质的报废机动车回收拆解企业开具。参加申请补贴的报废汽车所有人和新购置汽车所有人应为同一个人消费者，其所报废的符合条件的旧车，应当于 2025 年 1 月 8 日前登记在申请人名下；在补贴申请审核期间，其所新购置的汽车应登记在申请人名下。

做好汽车报废更新跨年度政策衔接，对在 2024 年 7 月 25 日至 2024 年 12 月 31 日期间仅部分取得 4 类证明，并在 2025 年 2 月 28 日前全部取得 4 类证明的个人消费者，可纳入 2025 年汽车报废更新政策支持范围，并计入 2025 年当年享受补贴次数。申请人相应报废的机动车和所购买的新车应符合商消费函〔2024〕392 号文有关要求。

二、优化汽车报废更新补贴审核拨付监管流程

各地商务主管部门收到汽车报废更新补贴申请材料后，会同财政、公安、工业和信息化等部门按照职能职责进行审核，通过全国汽车以旧换新平台反馈审核结果，税务部门做好配合工作。商务部、公安部、工业和信息化部等部门提供报废机动车回收和注销、新车注册登记、新能源新车车型等信息核查比对服务，支持地方高效开展审核工作。

各省级商务主管部门会同有关部门统筹确定对本辖区内补贴申请的审核层级、审核部门。各地商务主管部门及时汇总符合补贴条件的申请人信息，审核后确定补贴金额，并向财政部门提出资金申请。各地财政部门根据商务主管部门提出的资金安排意见，按程序将补贴资金拨付申请人。各地商务主管部门向同级财政部门报送资金申请时，需将资金安排建议抄送同级发展改革部门。

汽车报废更新政策实施期结束后，各省级商务主管部门、发展改革部门、财政部门应于 2026 年 2 月 10 日前将补贴资金发放情况报送商务部、国家发展改革委、财政部，商务部对各地上报的补贴资金发放情况进行汇总审核。按照发改环资〔2025〕13 号文有关要求、商务部审核意见，中央与地方进行清算。

三、完善汽车置换更新补贴标准

2025 年，对个人消费者转让登记在本人名下的乘用车，并购买乘用车新车的，给予一次性补贴支持，购买新能源乘用车补贴最高不超过 1.5 万元，购买燃油乘用车补贴最高不超过 1.3 万元。个人消费者申请

汽车置换更新补贴，转让的既有乘用车登记在本人名下的时间最迟不得晚于 2025 年 1 月 8 日。每位个人消费者在一个自然年度内最多可享受一次汽车置换更新补贴，就同一辆新车只能选择申领汽车报废更新补贴或者置换更新补贴。各地商务主管部门要加快制定汽车置换更新实施方案，合理确定补贴标准和实施方式，细化操作流程，压实各方责任，并参照汽车报废更新有关要求，做好跨年度工作衔接，确保有序平稳过渡。

各地要建设完善汽车置换更新信息系统，商务主管部门、公安交管部门等加强信息共享和核查比对，税务部门做好配合工作。全国汽车以旧换新平台为消费者提供各地区汽车置换更新政策指引，辅助地方开展补贴申请信息审核，提供二手车转让登记、新车注册登记等信息核查比对服务。各地汽车置换更新信息系统按统一标准与全国汽车以旧换新平台对接，通过数据接口及时推送补贴申请发放等相关数据。

四、落实资金支持政策

根据发改环资〔2025〕13 号文要求，国家发展改革委会同财政部安排超长期特别国债资金用于支持地方提升消费品以旧换新能力，推动个人消费者乘用车报废更新和置换更新。

汽车以旧换新补贴资金按照总体 9∶1 的原则实行央地共担，并分地区确定具体分担比例。其中，对东部省份按 8.5∶1.5 比例分担，对中部省份按 9∶1 比例分担，对西部省份按 9.5∶0.5 比例分担。各省级财政根据中央资金分配情况按比例安排配套资金，省以下经费分担办法由省级财政确定。

五、加强监督管理

各地、各相关部门按照发改环资〔2025〕13 号文、商消费函〔2024〕392 号文等规定，对汽车以旧换新补贴工作实施监督管理，提高资金使用效益，强化宣传引导，切实便企利民，并有效保障补贴资金安全。财政部各地监管局要强化对补贴资金管理使用等情况的抽查。各地区要一视同仁支持不同所有制、不同注册地、不同规模经营主体参与汽车以旧换新。要简化资金申请、审核、拨付流程，及时向消费者兑现补贴。对发现存在利用不正当手段骗取补贴资金、生产销售质量不合格汽车产品、价格违法等行为的，各地区要依法依规严肃处理，涉嫌犯罪的移送司法机关依法严厉查处。持续加强报废机动车回收监督管理，依法严厉查处报废机动车非法回收拆解等违法行为，营造公平竞争的市场环境。

本通知自发布之日起执行，此前规定与本通知不一致的，以本通知为准。

财政部　海关总署　税务总局
关于调整海南自由贸易港原辅料“零关税”政策的通知

2025 年 1 月 24 日　财关税〔2025〕1 号

海南省财政厅，海口海关，国家税务总局海南省税务局：

为进一步扩大政策效应，支持海南自由贸易港建设，现将海南自由贸易港原辅料“零关税”政策调整事项通知如下：

一、增加未烘焙咖啡、乙烯、机器零件等 297 项商品至海南自由贸易港“零关税”原辅料清单，具体范围见附件。

二、对《财政部　海关总署　税务总局关于海南自由贸易港原辅料“零关税”政策的通知》（财关税〔2020〕42 号）第三条所列维修情形，增加如下内容：

用于维修按照《财政部　海关总署　税务总局关于海南自由贸易港交通工具及游艇“零关税”政策的通知》（财关税〔2020〕54 号）、《财政部　海关总署　税务总局关于海南自由贸易港自用生产设备“零关税”政策的通知》（财关税〔2021〕7 号）、《财政部　海关总署　税务总局关于调整海南自由贸易港自用生产设备“零关税”政策的通知》（财关税〔2022〕4 号）进口的“零关税”游艇、自用生产设备（含相关零部件），免征进口关税、进口环节增值税和消费税。

未征得海关同意并补缴进口关税、进口环节增值税和消费税，“零关税”零部件不得挪作他用。

三、将《财政部　海关总署　税务总局关于海南自由贸易港原辅料“零关税”政策的通知》（财关税〔2020〕42 号）第四条修改为：

“零关税”原辅料仅限海南自由贸易港内企业生产使用，接受海关监管，不得转让。因企业依法破产等原因，确需转让“零关税”原辅料的，转让前应征得海关同意并办理补缴税款等手续。其中，“零关税”原辅料转让给符合享受政策条件主体的，免征进口关税、进口环节增值税和消费税。“零关税”原辅料加工制造的货物转让时，需补缴原辅料的进口关税、进口环节增值税和消费税。上述转让行为，照章征收国内环节增值税、消费税。

“零关税”原辅料及加工制造的货物出口，按现行出口货物有关税收政策执行。

四、原辅料“零关税”政策其他内容继续执行《财政部　海关总署　税务总局关于海南自由贸易港原辅料“零关税”政策的通知》（财关税〔2020〕42 号）有关规定。

五、本通知自 2025 年 2 月 1 日起实施。

附件：海南自由贸易港“零关税”原辅料增补清单

扫码阅读

财政部关于延续实施文化事业建设费优惠政策的通知

2025 年 1 月 26 日　财税〔2025〕7 号

中央宣传部，税务总局，各省、自治区、直辖市、计划单列市财政厅（局），新疆生产建设兵团财政局：

按照国务院决策部署，现就延续实施文化事业建设费优惠政策通知如下：

一、自 2025 年 1 月 1 日至 2027 年 12 月 31 日，对归属中央收入的文化事业建设费，按照缴纳义务人应缴费额的 50% 减征；对归属地方收入的文化事业建设费，各省（区、市）财政、党委宣传部门可以结合当地经济发展水平、宣传思想文化事业发展等因素，在应缴费额 50% 的幅度内减征。各省（区、市）财政、党委宣传部门应当将本地区制定的减征政策文件抄送财政部、中央宣传部。

二、各级财政部门要围绕推进文化强国建设统筹安排资金，根据宣传思想文化事业需要予以支持，确保相关工作和重大项目顺利进行。

三、2025 年 1 月 1 日起至本通知发布之日前，已征的按照本通知规定应予减免的文化事业建设费，可抵减缴费人以后应缴的文化事业建设费或予以退还。

国家税务总局关于《中国税收居民身份证明》有关事项的公告

2025 年 1 月 26 日　国家税务总局公告 2025 年第 4 号

为更好服务高水平对外开放，进一步便利纳税人享受协定待遇、开展跨境经营等，根据《中华人民共和国税收征收管理法》及其实施细则、《中华人民共和国企业所得税法》及其实施条例、《中华人民共和国个人所得税法》及其实施条例等有关规定，现就《中国税收居民身份证明》（以下简称《税收居民证明》，见附件 1）有关事项公告如下：

一、企业或者个人（以下统称申请人）可以就其构成中国税收居民的任一公历年度向其主管税务机关申请开具《税收居民证明》。

二、中国居民企业的境内、境外分支机构以及中国境内登记注册的个体工商户（以下简称境内个体工商户）、个人独资企业（以下简称境内个人独资企业）、合伙企业（以下简称境内合伙企业）不能申请开具《税收居民证明》，但可按以下情形办理：

（一）中国居民企业的境内、境外分支机构应当由其中国总机构向总机构主管税务机关申请开具《税收居民证明》。

（二）境内个体工商户应当由其中国居民业主向境内个体工商户经营管理所在地主管税务机关申请开具《税收居民证明》。

（三）境内个人独资企业应当由其中国居民投资人向境内个人独资企业经营管理所在地主管税务机关申请开具《税收居民证明》。

（四）境内合伙企业应当由其中国居民合伙人向中国居民合伙人主管税务机关申请开具《税收居民证明》。

三、申请人申请开具《税收居民证明》应当向其主管税务机关提交以下资料：

（一）《中国税收居民身份证明》申请表（见附件 2）。

（二）根据不同申请目的提供以下资料：

1. 以享受协定待遇目的申请开具《税收居民证明》的，提交与拟享受协定待遇收入有关的合同、协议、董事会或者股东会决议、相关支付凭证等证明资料。

协定是指中华人民共和国政府签署的避免双重征税协定（以下简称税收协定）和国际运输协定等政府间协议。国际运输协定包括中华人民共和国政府签署的航空协定、海运协定、道路运输协定、汽车运输协定、互免国际运输收入税收协议或者换函以及其他关于国际运输的协定。享受协定待遇，是指享受税收协定和国际运输协定等政府间协议税收条款待遇。享受内地与香港、澳门特别行政区签署的避免双重征税安排待遇的，参照上述规定执行。

2. 以非享受协定待遇目的申请开具《税收居民证明》的，提交能证明申请目的真实性的有关材料，如政府监管部门等出具的需申请人提供《税收居民证明》的正式文书，或者有关法律依据、其他能证明申请目的真实性的材料等。

（三）申请人为个人的，包括本公告第二条第二项至第四项情形，提供以下资料：

1. 在中国境内有住所的，提供因户籍、家庭、经济利益关系而在中国境内习惯性居住的证明资料，包括申请人身份信息、住所情况说明等资料。

2. 在中国境内无住所而申请年度在中国境内累计居住天数满足居民个人相关规定的，提供在中国境内实际居住时间的证明资料，包括出入境信息等资料。

（四）申请人为中国总机构的，如需在《税收居民证明》备注栏体现其与境内、境外分支机构关系，提供总分机构登记注册资料。

（五）依照本公告第二条第二项至第四项情形申请开具《税收居民证明》时，如需在《税收居民证明》备注栏体现业主与境内个体工商户、投资人与境内个人独资企业、合伙人与境内合伙企业关系，提供境内个体工商户、境内个人独资企业、境内合伙企业登记注册资料。

对于本条第一项资料，申请人应当提交原件。对于本条第二项至第五项资料，申请人应当提交原件或者复印件，提交复印件的，应当在复印件上标注“与原件一致”以及原件存放处，加盖申请人印章或者由申请人签字。主管税务机关要求查验原件的，应报验原件。资料原件为外文文本的，应当同时提交相同格式的中文译本。申请人应当对中文译本的准确性和完整性负责，并在中文译本上加盖申请人印章或者由申请人签字。

四、申请人提交资料齐全的，主管税务机关应当按规定受理；

资料不齐全的，主管税务机关不予受理，并一次性告知申请人应补正内容。

五、主管税务机关根据《中华人民共和国企业所得税法》及其实施条例、《中华人民共和国个人所得税法》及其实施条例等对申请人税收居民身份进行判定。

六、主管税务机关能够自行判定税收居民身份的，应在受理申请之日起 7 个工作日内办结，开具加盖公章的《税收居民证明》，或者将不予开具的理由书面告知申请人。

主管税务机关无法自行判定税收居民身份的，应提交上级税务机关判定，需要时可以要求申请人补充资料。

七、对方主管机构对《税收居民证明》样式有特殊要求的，申请人应提供书面说明以及《税收居民证明》样式，主管税务机关可以按照上述规定办理。

八、本公告自 2025 年 4 月 1 日起施行。2025 年 4 月 1 日以后申请开具《税收居民证明》的，适用本公告规定。《国家税务总局关于开具〈中国税收居民身份证明〉有关事项的公告》（2016 年第 40 号）、《国家税务总局关于调整〈中国税收居民身份证明〉有关事项的公告》（2019 年第 17 号）同时废止。

特此公告。

附件：1. 中国税收居民身份证明

2.《中国税收居民身份证明》申请表

扫码阅读

政策解读

关于《国家税务总局关于〈中国税收居民身份证明〉有关事项的公告》的解读

近期，国家税务总局制发了《国家税务总局关于〈中国税收居民身份证明〉有关事项的公告》（以下简称《公告》），现解读如下：

一、《公告》出台的背景是什么？

《中国税收居民身份证明》（以下简称《税收居民证明》）是纳税人在境外使用的证明其中国税收居民身份的重要文件，可以通俗地理解为中国居民的“税收护照”。《税收居民证明》最主要的应用场景是享受税收协定待遇，目前中国签署的税收协定网络已经覆盖114个国家和地区，网络规模居世界前列。从这个意义上讲，《税收居民证明》“含金量”很高。

2016年，国家税务总局印发了《国家税务总局关于开具〈中国税收居民身份证明〉有关事项的公告》（2016年第40号），规定了《中国税收居民身份证明》开具的有关事项。2019年，国家税务总局印发了《国家税务总局关于调整〈中国税收居民身份证明〉有关事项的公告》（2019年第17号），调整了《税收居民证明》开具的部分事项。上述公告对促进中国税收居民开展跨境经营发挥了积极作用。

近年来，随着我国纳税人“走出去”步伐加快，投资目的地不断扩大，参与境外经济活动的深度和广度持续拓展，需要用到《税收居民证明》的场景也越来越多，现行政策有待更新。为深入贯彻党的二十大和二十届三中全会精神，更好服务高水平“走出去”，结合纳税人需求和意见建议，国家税务总局制定了本《公告》，目的是为中国居民开展跨境经营提供保障和便利。

二、《公告》优化了哪些事项？

一是拓展《税收居民证明》适用场景。申请人应当根据实际情况选择享受协定待遇或者非享受协定待遇的申请目的，后者覆盖了近年来纳税人在境外遇到的多个场景。

二是实现全流程网上办。依托电子税务局网站、自然人电子税务局网站实现企业、个人申请开具《税收居民证明》事项的全流程网上办，办理程序更便捷。

三是调整《税收居民证明》内容。《税收居民证明》增加显示了纳税人识别号等信息，取消了主管税务机关负责人签字，同时可根据申请人需要备注合伙企业等有关信息，便于满足潜在的个性化需求。

四是压缩办理时限。如果主管税务机关能够自行判定税收居民身份，办理时限由现行的10个工作日缩短至7个工作日。

三、申请人办理的渠道有哪些？

企业可以选择登录电子税务局网站全流程网上办，或者选择到主管税务机关办税服务厅办理。个人可以选择登录自然人电子税务局网站全流程网上办，或者选择到主管税务机关办税服务厅办理。

四、中国居民企业的境内、境外分支机构以及在中国境内登记注册的个体工商户、个人独资企业、合伙企业能否独立申请《税收居民证明》？

根据我国现行法律法规，中国居民企业的境内、境外分支机构以及中国境内登记注册的个体工商户（以下简称境内个体工商户）、个人独资企业（以下简称境内个人独资企业）、合伙企业（以下简称境内合伙企业）不能独立申请开具《税收居民证明》。

中国居民企业的境内、境外分支机构应当由

其中国总机构向总机构主管税务机关申请开具《税收居民证明》。境内个体工商户应当由其中国居民业主向境内个体工商户经营管理所在地主管税务机关申请开具《税收居民证明》。境内个人独资企业应当由其中国居民投资人向境内个人独资企业经营管理所在地主管税务机关申请开具《税收居民证明》。境内合伙企业应当由其中国居民合伙人向中国居民合伙人主管税务机关申请开具《税收居民证明》。

以境内合伙企业为例（见下图），如A（中国居民企业）需在《税收居民证明》备注其与C的关系，则A在向A的主管税务机关申请时，应当在《税收居民证明》申请表相应栏次填写合伙企业名称和合伙企业纳税人识别号，《税收居民证明》将以备注形式在“纳税人名称（Taxpayer's Name）”后显示“A是C的合伙人”。如B（中国居民个人）需在《税收居民证明》备注其与C的关系，则B在向C的经营管理所在地主管税务机关申请时，应当在《税收居民证明》申请表相应栏次填写合伙企业名称和合伙企业纳税人识别号，《税收居民证明》将以备注形式在“纳税人名称（Taxpayer's Name）”后显示“B是C的合伙人”。

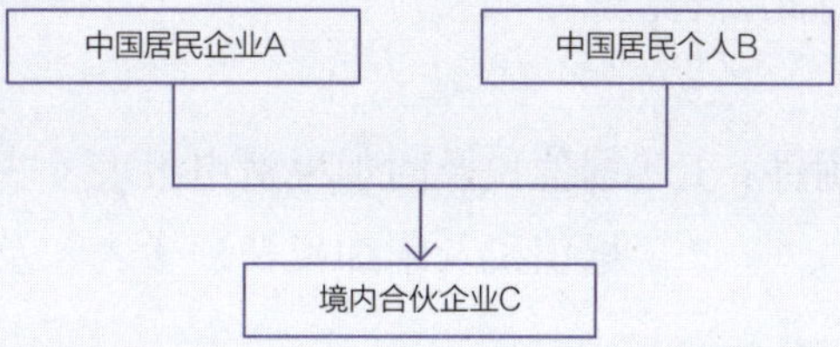

五、申请人选择非享受协定待遇申请目的时应注意什么?

申请人将《税收居民证明》适用于“非享受协定待遇”目的的，“申请目的”栏不能选择“享受协定待遇”。不实填报带来的法律责任和风险将由申请人承担。

六、《公告》何时生效执行?

本《公告》自2025年4月1日起生效执行。2025年4月1日以后申请开具《税收居民证明》的，适用本《公告》规定。例如，申请人在2025年4月1日后向其主管税务机关申请开具2020年度的《税收居民证明》时，适用本《公告》规定。

国家税务总局关于调整增值税纳税申报有关事项的公告

2025年1月27日　国家税务总局公告2025年第2号

为进一步提升增值税纳税申报服务和管理水平，现将增值税纳税申报有关事项公告如下：

一、税务机关为纳税人提供适用增值税征税政策的出口货物信息数据归集服务。纳税人出口适用增值税征税政策的货物，在办理增值税纳税申报时，登录全国统一规范电子税务局，完成出口货物信息数据的用途确认。从事进料加工复出口业务的纳税人在出口货物信息数据用途确认时，需要填报对应出口货物耗用的进料加工保税进口料件金额。

二、根据相关政策规定，调整《增值税及附加税费申报表（一般纳税人适用）》及其附列资料填写说明、《增值税及附加税费预缴表》及其附列资料填写说明（详见附件1和附件2）。

三、本公告自2025年2月1日起施行。《国家税务总局关于增值税　消费税与附加税费申报表整合有关事项的公告》（国家税务总局公告2021年第20号）附件2和附件6同时废止。

特此公告。

附件：1.《增值税及附加税费申报表（一般纳税人适用）》及其附列资料填写说明

2.《增值税及附加税费预缴表》及其附列资料填写说明

扫码阅读

政策解读

关于《国家税务总局关于调整增值税纳税申报有关事项的公告》的解读

为进一步提升增值税纳税申报服务和管理水平，税务总局制发了《国家税务总局关于调整增值税纳税申报有关事项的公告》（以下简称《公告》）。现解读如下：

一、适用增值税征税政策的出口货物包括哪些？

答：适用增值税征税政策的出口货物（以下简称出口应征税货物），是指按照现行税收政策规定，在出口环节适用增值税征税政策的货物，包括财政部和国家税务总局根据国务院决定明确取消出口退（免）税的货物，以及按其他规定适用出口征税政策的货物。

二、出口应征税货物的增值税应纳税额如何计算和申报？

答：出口应征税货物的增值税应纳税额，应根据《中华人民共和国增值税暂行条例》及其实施细则、《财政部 国家税务总局关于出口货物劳务增值税和消费税政策的通知》（财税〔2012〕39号，以下简称39号文件）等文件规定的计税方法和纳税义务发生时间，计算、申报缴纳。

三、纳税人为什么要进行出口应征税货物信息数据用途确认，如何确认？

答：为便于出口应征税货物纳税人准确、规范办理增值税纳税申报，避免遗漏和错误填报，税务机关事先对可能适用征税情形的信息数据进行了归集。纳税人登录全国统一规范电子税务局，对相关出口货物信息数据对应的政策适用、发票开具、出口业务类型等事项，进行用途确认。

从事进料加工复出口业务的纳税人在进行用途确认时，还应根据39号文件有关规定，填报出口货物所对应耗用的进料加工保税进口料件金额。当耗用的保税进口料件总额，和纳税人各纳税期填报的保税进口料件金额之间存在差额时，纳税人应将清算当期产生的调整金额，与当期出口信息数据对应的进料加工保税进口料件金额合并计算后填写。

四、增值税申报表填写说明的调整有哪些？

答：（一）补充了《增值税及附加税费申报表（一般纳税人适用）》第28栏“①分次预缴税额”的填写说明。在填报口径不变的基础上，将“服务、不动产和无形资产按规定汇总计算缴纳增值税的总机构”调整为“按规定汇总计算缴纳增值税的总机构”；优化了销售建筑服务、销售不动产、出租不动产预缴税款的填报说明。

（二）调整了《增值税及附加税费申报表附列资料（一）》（本期销售情况明细）第13a至13c行“预征率 %”栏次的填报口径。相关行次填表说明中，一是将“第13a至13c行‘二、简易计税方法计税’‘预征率 %’：反映营业税改征增值税的纳税人，服务、不动产和无形资产按规定汇总计算缴纳增值税的分支机构”调整为“第13a至13c行‘二、简易计税方法计税’‘预征率 %’：反映按规定汇总计算缴纳增值税的分支机构”；二是将“第13a至13c行第14列，纳税人按‘应预征缴纳的增值税＝应预征增值税销售额 × 预征率’公式计算后据实填写”调整为“第13a行第14列，纳税人按规定据实填写；第13b至13c行第14列，纳税人按‘应预征缴纳的增值税＝应预征增值税销售额 × 预征率’公式计算后据实填写”。

（三）删除了建筑服务“异地”“跨县（市）”的表述。《财政部 税务总局关于建筑服务等营改增试点政策的通知》（财税〔2017〕58号）规定“按照现行规定应在建筑服务发生地预缴增值税的项目，纳税人收到预收款时在建筑服务发生地预缴增值税。按照现行规定无需在建筑服务发生地预缴增值税的项目，纳税人收到预收款时在机构所在地预缴增值税。”因此删除《增值税及附加税费预缴表》中建筑服务“异地”“跨县（市）”相关表述，调整后的“（一）纳税人（不含其他个人）提供建筑服务”包括纳税人跨县（市、区）（不含同一地级行政区范围内跨县市区）提供建筑服务以及纳税人提供建筑服务收取预收款两类情形。

国家税务总局关于支持跨境电商出口海外仓发展出口退（免）税有关事项的公告

2025年1月27日　国家税务总局公告2025年第3号

为深入贯彻落实党中央、国务院决策部署，支持跨境电商出口海外仓等新业态新模式发展，国家税务总局决定对纳税人以跨境电商出口海外仓（以下简称出口海外仓）方式出口的货物实行“离境即退税”。现将有关出口退（免）税事项公告如下：

一、纳税人以出口海外仓方式（海关监管方式代码“9810”，下同）出口的货物，在货物报关离境后，即可申报办理出口退（免）税。纳税人在办理出口退（免）税申报时，货物已实现销售的，按照现行规定申报办理出口退（免）税；货物尚未实现销售的，按照“离境即退税、销售再核算”方式申报办理出口退（免）税，即：在货物报关离境后，即可预先申报办理出口退（免）税（以下简称出口预退税），后续再根据货物销售情况进行税款核算。

二、纳税人应当凭出口货物报关单及相关材料信息，向主管税务机关申报办理出口预退税，同时应当按照以下要求申报：

（一）在申报明细表的“退（免）税业务类型”栏内填写“海外仓预退”标识（业务类型代码为：HWC-YT）。

（二）区分未实现销售的货物和已实现销售的货物，分别进行出口预退税申报和出口退（免）税申报；未作区分的，均视为货物未实现销售，统一进行出口预退税申报。

出口货物报关单上同一项号下的货物，未全部实现销售的，纳税人可按照上款规定进行区分申报，也可将该项号下的全部货物视为未实现销售，统一进行出口预退税申报。

（三）生产企业应当使用单独的申报序号、外贸企业应当使用单独的关联号申报出口预退税。

三、已申报办理出口预退税的纳税人，应当在核算期截止日前的各增值税纳税申报期内，办理出口预退税核算。经主管税务机关同意，外贸企业在核算期截止日前增值税纳税申报期以外的其他时间也可办理出口预退税核算。上述核算期是指，税务机关办结出口预退税的次月 1 日至次年 4 月 30 日。

纳税人未在核算期截止日前办理核算的，税务机关应当追回已办理的出口预退税；待货物实现销售后，纳税人再按照现行规定申报办理出口退（免）税。

四、纳税人办理出口预退税核算时，应当根据实际销售情况，区分以下不同情形进行处理：

（一）核算时货物已实现销售的，应当对按照实际销售情况计算的应退（免）税额与出口预退税额的差异情况进行确认。不存在差异的，纳税人确认“无需调整申报”，办结核算手续；存在差异的，纳税人确认“需要调整申报”并进行调整申报后，办结核算手续。

（二）核算时货物仍未实现销售的，纳税人确认“需要调整申报”并全额缴回出口预退税后，办结核算手续。后续待该笔货物实现销售后，纳税人可按照现行规定重新申报办理出口退（免）税。

上述调整申报及缴回出口预退税的具体操作方式为：纳税人在核算当期申报出口退（免）税时，应当先用负数全额冲减前期出口预退税申报数据，再根据货物实际销售情况，按照现行规定重新申报出口退（免）税。核算当期，纳税人的应退（免）税额为负数的，生产企业应当结转下期继续抵减，外贸企业应当补缴税款；应退（免）税额为正数的，税务机关按照现行规定办理出口退（免）税。

五、已申报办理出口预退税、但尚未办理核算的纳税人，需要变更退（免）税办法、撤回出口退（免）税备案的，应当先行办理出口预退税核算。待其办结核算手续并结清出口退（免）税款后，税务机关再按照现行规定办理。

六、纳税人以出口海外仓方式出口货物的，除按照现行出口退（免）税备案单证管理规定要求进行单证备案外，还应按照以下规定执行：

（一）无法取得出口合同的，纳税人可选择使用海外仓订仓单、自营海外仓所有权文件、租赁海外仓租赁协议或其他可佐证海外仓使用的相关资料等进行单证备案。

（二）纳税人应将销售记账凭证、销售明细账等可以佐证货物已实现销售的资料（以下称销售佐证资料），作为出口退（免）税备案单证。纳税人申报办理出口预退税的，应当在货物实现销售后 15 日内，完成销售佐证资料的留存工作以备税务机关核查；按照现行规定申报办理出口退（免）税的，应当在申报出口退（免）税后 15 日内，完成销售佐证资料的留存工作以备税务机关核查。

纳税人可以自行选择纸质化、影像化或者数字化方式，留存保管上述备案单证。

七、纳税人应当依法如实申报办理出口预退税及核算。税务机关应当按照现行规定审核办理出口预退税及核算，发现存在涉嫌骗取出口退税等疑点的，核查排除疑点后再行办理。税务机关在开展核查时，应当一并对实际销售情况进行核查，发现未按规定留存销售佐证资料或销售佐证资料为伪造、虚假的，应追回已退（免）税款，并按现行规定进行处理；查实属于骗取出口退税的，按照《中华人民共和国税收征收管理法》及相关规定处理。

八、本公告未尽事宜，按照现行出口退（免）税相关规定执行。

九、本公告自发布之日起施行。本公告施行前，纳税人以出口海外仓方式出口货物、但尚未申报出口退（免）税的，按照本公告规定执行。

特此公告。

政策解读

关于《国家税务总局关于支持跨境电商出口海外仓发展出口退（免）税有关事项的公告》的解读

为更好发挥出口退税支持跨境电商出口海外仓（以下简称出口海外仓）发展的积极作用，国家税务总局制发了《国家税务总局关于支持跨境电商出口海外仓发展出口退（免）税有关事项的公告》（以下称《公告》），就纳税人以出口海外仓方式（海关监管方式代码“9810”，下同）出口货物的出口退（免）税相关事宜予以明确。现就有关内容解读如下：

一、纳税人以出口海外仓方式出口货物，应当如何申报办理出口退（免）税？

纳税人以出口海外仓方式出口货物，在货物报关离境后，即可凭出口货物报关单等相关材料信息，申报办理出口退（免）税。纳税人在具体操作时，应根据货物销售的情况，确定具体的申报办理方式：申报出口退（免）税时，货物已实现销售的，按现行规定申报办理出口退（免）税；货物尚未实现销售的，按照“离境即退税、销售再核算”方式，申报办理出口退（免）税，即：先凭出口货物报关单等材料信息，预先申报办理出口退（免）税（以下简称出口预退税），后续再根据货物销售情况进行税款核算。

二、纳税人应当如何申报办理出口预退税？

纳税人应当凭海关监管方式代码为“9810”的出口货物报关单等相关材料信息，向税务机关申报办理出口预退税。申报时应当注意：一是填报申报明细表时，应当在“退（免）税业务类型”栏内填写“海外仓预退”标识，业务类型代码为：HWC-YT。二是对未实现销售的货物和已实现销售的货物进行区分，并分别进行出口预退税申报和出口退（免）税申报；未作区分的，全部视为未实现销售，统一申报出口预退税。三是纳税人为生产企业的，应当使用单独的申报序号申报出口预退税；纳税人为外贸企业的，应当使用单独的关联号申报出口预退税。

三、出口货物报关单上同一项号下的货物，未全部实现销售时，纳税人应当如何申报办理出口预退税？

出口货物报关单上同一项号下的货物，纳税人可对已销售部分和未销售部分进行区分，已实现销售的部分，按照现行规定申报办理出口退（免）税；未实现销售的部分，申报办理出口预退税。纳税人未作区分的，可全部视为未销售，统一申报办理出口预退税。

举例说明：某生产企业通过同一出口货物报关单的同一项号报关出口100个茶杯。海关出具的出口货物报关单上注明的出口日期为2025年2月25日。该企业拟于2025年3月10日就该笔货物办理出口退（免）税申报。

情形一：2025年3月10日，该企业已出口的100个茶杯中，有20个茶杯已实现销售，其余80个尚未实现销售。该企业于3月10日申报办理出口退（免）税时，对已实现销售的20个茶杯，按照现行规定申报办理免抵退税；对未实现销售的80个茶杯，按照“离境即退税、销售再核算”办法，申报办理出口预退税。该企业在填报申报明细表时，应当注意：一是在办理80个未销售茶杯的出口预退税申报时，应当在申报明细表的“退（免）税业务类型”栏内填写“HWC-YT”标识。二是对已销售的20个茶杯和未销售的80个茶杯，分别使用不同的申报序号。

情形二：该企业于3月10日申报办理出口退（免）税时，未区分出口的100个茶杯中哪些已实现销售、哪些尚未实现销售。此时，该企业可将100个茶杯统一按照“离境即退税、销售再核算”办法，申报办理出口预退税。申报时，企业应当在申报明细表的“退（免）税业务类型”栏内填写“HWC-YT”标识，并对上述100个茶杯使用同一申报序号。

四、纳税人已申报办理出口预退税的，应当何时办理核算？

纳税人已申报办理出口预退税的，应当在核算期截止日前的各个增值税纳税申报期内办理核算。上述核算期具体是指，税务机关办结出口预退税的次月1日至次年4月30日。实际操作时，纳税人可在核算期内的任一增值税纳税申报期办理核算，但最迟不得晚于税务机关办结出口预退税次年4月的增值税纳税申报期截止日。经税务机关同意后，外贸企业可在核算期内的任意时间办理核算，不受增值税纳税申报期的限制。

举例说明：

情形一：某生产企业于2025年2月10日申报出口预退税。税务机关按照现行规定对该企业申报的出口预退税进行审核。经审核，该笔业务无问题，税务机关于2025年2月13日为企业办结出口预退税。此时，该生产企业可以在2025年3月至2026年4月间的任一增值税纳税申报期内办理核算，但最迟不得晚于2026年4月的增值税纳税申报期截止日办理核算。

情形二：某外贸企业于2025年12月31日申报出口预退税。税务机关按照现行规定对该企业申报的出口预退税进行审核。经审核，该笔业务无问题，税务机关于2026年1月2日为企业办结出口预退税。此时，该外贸企业可以在2026年2月至2027年4月间的任一增值税纳税申报期办理核算，但最迟不得晚于2027年4月的增值税纳税申报期截止日。经税务机关同意，该企业可在2026年2月至2027年4月的任意时间办理核算，不受增值税纳税申报期的限制。

五、纳税人如何办理出口预退税核算？

为帮助纳税人精准高效办理核算，税务机关通过电子税务局、国际贸易“单一窗口”等信息系统，向纳税人推送税务机关已办结、但纳税人尚未核算的出口预退税数据清单。

纳税人应当根据实际销售情况，对货物是否已实现销售、出口预退税是否需要调整等情况进行确认，并区分以下不同情形进行处理：

（一）货物已实现销售，且按照实际销售情况计算的出口应退（免）税额与出口预退税额无差异的，纳税人在信息系统中勾选提交“无需调整申报”的选项进行确认后，即办结核算手续；

（二）货物已实现销售、但按照实际销售情况计算的出口应退（免）税额与出口预退税额存在差异的，纳税人在信息系统中勾选提交“需要调整申报”的选项进行确认，并进行调整申报后，即办结核算手续；

（三）货物仍未实现销售的，纳税人在信息系统中勾选提交“需要调整申报”的选项进行确认，并全额缴回出口预退税后，即办结核算手续。待该笔货物后续实现销售后，纳税人再按照现行规定重新申报办理出口退（免）税，不再适用“离境即退税、销售再核算”办法。

举例说明：某生产企业以出口海外仓方式出口的100个茶杯，于2025年3月10日申报出口预退税，出口预退税额1300元。经审核，该笔业务无问题，税务机关于2025年3月14日为企业办结出口预退税1300元。该企业拟于2025年12月12日办理出口预退税核算。

情形一：2025年12月12日，企业核算时，已办理出口预退税的100个茶杯均已实现销售。企业按照实际销售情况计算的出口退（免）税额为1300元，与此前已办理的出口预退税并无差异。此时，纳税人在信息系统中勾选提交“无需调整申报”的选项进行确认后，即办结核算手续。

情形二：2025年12月12日，企业核算时，已办理出口预退税的100个茶杯均已实现销售。企业按照实际销售情况计算的出口退（免）税额为1235元，与此前已办理的1300元出口预退税存在差异。此时，纳税人应当在信息系统中勾选提交“需要调整申报”的选项进行确认，并进行调整申报。调整申报时，企业应当先提交一笔出口退（免）税额为-1300元的免抵退税申报数据，将此前提交的出口预退税申报数据全额冲减；再根据实际销售情况，重新提交一笔出口退（免）税额为1235元的免抵退税申报数据。在不考虑其他影响因素的情况下，企业在2025年12月当期申报的应退（免）税额为-65元（-65元=-1300元+1235元）。待税务机关审核通过后，该企业应当将这-65元的应退（免）税额，结转下期参与出口退（免）税计算。

情形三：2025年12月12日，企业核算时，已办理出口预退税的100个茶杯均已实现销售。企业按照实际销售情况计算的出口退（免）税额为1365元，与此前已办理的1300元出口预退税存在差异。此时，纳税人应当在信息系统中勾选提交“需要调整申报”的选项进行确认，并进行调整申报。调整申报时，企业应当先提交一笔出口退（免）税额为-1300元的免抵退税申报数据，将此前提交的出口预退税申报数据全额冲减；再根据实际销售情况，重新提交一笔出口退（免）税额为1365元的免抵退税申报数据。在不考虑其他影响因素的情况下，企业在2025年12月当期的应退（免）税额为65元（65元=-1300元+1365元）。税务机关审核通过后应当按照现行规定为该企业办理出口退（免）税65元。

情形四：2025年12月12日，企业核算时，已办理出口预退税的100个茶杯中，30个已实现销售，70个未实现销售。企业30个已实现销售的茶杯，按照实际销售情况计算的出口退（免）税额为390元，与此前已办理的1300元出口预退税存在差异。此时，纳税人应当在信息系统中勾选提交“需要调整申报”的选项进行确认，并进行调整申报。调整申报时，企业应当先提交一笔出口退（免）税额为-1300元的免抵退税申报数据，将此前提交的出口预退税申报数据全额冲减；再根据实际销售情况，重新提交一笔出口退（免）税额为390元的免抵退税申报数据。在不考虑其他影响因素的情况下，企业在2025年12月当期的应退（免）税额为-910元（-910元=-1300元+390元）。待税务机关审核通过后，该企业应当将这-910元的应退（免）税额，结转下期参与出口退（免）税计算。70个未实现销售的茶杯，企业待其实现销售后，再按照现行规定申报办理出口退（免）税。

六、纳税人未在规定期限内办理出口预退税核算的，应当如何处理？

纳税人未在规定期限内办理出口预退税核算的，税务机关应当追回已办理的出口预退税；纳税人待货物实现销售后，再按照现行规定申报办理出口退（免）税。

七、纳税人就出口海外仓的货物申报办理出口退（免）税的，需要留存哪些备案单证？

纳税人应当留存的出口退（免）税备案单证包括：

（一）出口企业的购销合同（包括：出口合同、外贸综合服务合同、外贸企业购货合同、生产企业收购非自产货物出口的购货合同等）。

（二）出口货物的运输单据（包括：海运提单、航空运单、铁路运单、货物承运单据、邮政收据等承运人出具的货物单据，出口企业承付运费的国内运输发票，出口企业承付费用的国际货物运输代理服务费发票等）。

（三）出口企业委托其他单位报关的单据（包括：委托报关协议、受托报关单位为其开具的代理报关服务费发票等）。

（四）出口企业的销售记账凭证、销售明细账等可以佐证货物已实现销售的资料（以下称销售佐证资料）。

应当注意的是：纳税人出口海外仓业务无法取得出口合同的，可选择使用海外仓订仓单、自营海外仓所有权文件、租赁海外仓租赁协议或其他可佐证海外仓使用的相关资料等进行单证备案。纳税人无法取得其他单证的，可用具有相似内容或作用的其他资料进行单证备案。

八、纳税人以出口海外仓方式出口的货物，在申报办理出口退（免）税时，是否需要报送销售佐证资料？

纳税人申报办理出口退（免）税时，无需报送销售佐证资料。根据《公告》，纳税人按照“离境即退税、销售再核算”办法申报办理出口预退税的，应当在货物实现销售后15日内，完成销售佐证资料的留存工作以备税务机关核查；按照现行规定申报办理出口退（免）税的，应当在申报出口退（免）税后15日内，完成销售佐证资料的留存工作以备税务机关核查。

九、纳税人申报办理出口预退税的，未按照规定留存销售佐证资料的，应当如何处理？

纳税人未按照规定留存销售佐证资料的，应当按照纳税人未按规定进行单证备案处理，即：按照《国家税务总局关于〈出口货物劳务增值税和消费税管理办法〉有关问题的公告》（2013年第12号）第五条第（八）项规定，该笔出口业务不再适用出口退（免）税政策，改为适用免税政策。已申报退（免）税的，应当用负数申报冲减原申报。

十、对于纳税人已申报出口预退税的出口海外仓业务，税务机关核查发现，纳税人留存的销售佐证资料为伪造、虚假的，应当如何处理？

按照《公告》规定，纳税人对于申报出口预退税的出口海外仓业务，应当将销售佐证资料作为出口退（免）税备案单证留存备查。经核查发现，纳税人留存的销售佐证资料为伪造、虚假的，税务机关应当按照纳税人提供虚假备案单证进行处理，即：按照《财政部　国家税务总局关于出口货物劳务增值税和消费税政策的通知》（财税〔2012〕39号）第七条第（一）项，以及《国家税务总局关于〈出口货物劳务增值税和消费税管理办法〉有关问题的公告》（2013年第12号）第五条第（九）项规定，该笔出口业务不再适用出口退（免）税政策，改为适用征税政策。查实属于偷骗税的，应当按照相应的规定处理。

十一、纳税人以出口海外仓方式出口的货物，在申报办理出口退（免）税时，是否需要报送收汇材料？

纳税人以出口海外仓方式出口的，在申报办理出口退（免）税时，除存在《国家税务总局关于进一步便利出口退税办理　促进外贸平稳发展有关事项的公告》（2022年第9号）第八条第（二）项第一款至第三款规定的特殊情形外，均无需报送收汇材料。

十二、纳税人在《公告》施行前出口的货物，能否实行“离境即退税”？

《公告》自2025年1月27日起施行。纳税人在《公告》施行前以出口海外仓方式出口、但尚未申报出口退（免）税的货物，均应按照“离境即退税”办法申报办理出口退（免）税。

举例说明：某出口企业以出口海外仓方式出口货物。海关出具的出口货物报关单上注明的出口日期为2024年12月20日。截至2025年1月27日（即《公告》施行之日），该企业尚未就该笔出口货物进行过出口退（免）税申报。该企业于2025年2月20日申报出口退（免）税时，应当按照“离境即退税”方式办理。具体办理申报时，对于已实现销售的货物，企业按照现行规定申报办理出口退（免）税；对于未实现销售的货物，企业按照“离境即退税、销售再核算”办法，先行申报出口预退税，后续再根据实际销售情况进行税款核算。

国家税务总局　工业和信息化部关于发布《免征车辆购置税的设有固定装置的非运输专用作业车辆目录》（第十七批）的公告

2025 年 2 月 11 日　国家税务总局　工业和信息化部公告 2025 年第 5 号

根据《财政部　税务总局　工业和信息化部关于设有固定装置的非运输专用作业车辆免征车辆购置税有关政策的公告》（2020 年第 35 号）、《国家税务总局　工业和信息化部关于设有固定装置的非运输专用作业车辆免征车辆购置税有关管理事项的公告》（2020 年第 20 号）相关规定，现将《免征车辆购置税的设有固定装置的非运输专用作业车辆目录》（第十七批）予以发布。

特此公告。

附件：免征车辆购置税的设有固定装置的非运输专用作业车辆目录（第十七批）

扫码阅读

政策解读

关于《国家税务总局　工业和信息化部关于发布〈免征车辆购置税的设有固定装置的非运输专用作业车辆目录〉（第十七批）的公告》的解读

现就《国家税务总局　工业和信息化部关于发布〈免征车辆购置税的设有固定装置的非运输专用作业车辆目录〉（第十七批）的公告》相关事项解读如下：

一、公告出台背景

为切实落实国务院优化营商环境改革要求，提升纳税服务水平，提高税收管理质效，更好地维护纳税人权益，财政部、税务总局、工业和信息化部制发了《关于设有固定装置的非运输专用作业车辆免征车辆购置税有关政策的公告》（2020 年第 35 号）、税务总局、工业和信息化部制发了《关于设有固定装置的非运输专用作业车辆免征车辆购置税有关管理事项的公告》（2020 年第 20 号），进一步优化设有固定装置的非运输专用作业车辆（以下简称专用车辆）车辆购置税优惠政策管理机制。对于免征车辆购置税的专用车辆，通过《免征车辆购置税的设有固定装置的非运输专用作业车辆目录》（以下简称《目录》）实施管理，纳税人购买列入《目录》的专用车辆可享受免征车辆购置税政策。

二、本批《目录》基本情况

本批《目录》为第十七批，共涉及 211 家企业的 642 个车型。

三、需要说明的问题

（一）符合条件的专用车辆如何申请列入《目录》？

对于拟申请列入《目录》的车型，车辆生产企业、进口车辆经销商或个人（以下简称申请人）按要求通过工业和信息化部“免征车辆购置税的设有固定装置的非运输专用作业车辆管理系统”（以下简称申报系统）提交申请材料。

（二）未通过技术审查如何处理？

未通过技术审查是指申请人通过申报系统提交相关资料，由于不符合《设有固定装置的非运输专用作业车辆技术要求》规定、材料提交不全、填写有误等原因，工业和信息化部装备工业发展中心（以下简称装备中心）给予“不通过”结论的情形。对于未通过技术审查的情况，若申请人不认可装备中心技术审查结论，可以通过申报系统随时重新申报；在重新申报时，可对装备中心技术审查结论提出自己的意见，并提供相应的佐证材料；装备中心重新给予技术审查结论。若申请人仍不认可装备中心技术重新审查结论，可以通过工业和信息化部 12381 公共服务电话平台咨询、建议、投诉，或者以信函的形式向工业和信息化部反映相关问题，工业和信息化部将按照程序予以办理。

（三）列入《目录》专用车辆如何办理免税？

根据规定，对于列入《目录》的车型，申请人可在所生产车辆的车辆电子信息中标注免税标识。税务机关依据免税标识以及办理车辆购置税纳税申报需要提供的其他资料，为纳税人办理车辆购置税免税手续。

举例说明：A 公司于 2025 年 1 月 27 日生产一台专用车辆，税务总局、工业和信息化部发布的第十七批《目录》包含了上述销售车辆的车型，A 公司在所销售车辆的车辆电子信息中标注免税标识，购买该专用车辆的 B 纳税人可凭免税标识及其他资料依法享受免税政策。

（四）《目录》发布前已出厂销售的专用车辆如何办理免税？

根据规定，《目录》发布前已出厂销售的专用车辆，申请人可在所销售车辆的车型列入《目录》后，在所销售车辆的车辆电子信息中标注免税标识，重新上传。纳税人可以凭免税标识以及办理车辆购置税纳税申报需要提供的其他资料向主管税务机关办理免税。

举例说明：A 公司于 2025 年 1 月 21 日销售给 B 纳税人一台未列入《目录》的车辆，A 公司上传车辆电子信息时未标注免税标识。之后税务总局、工业和信息化部发布的第十七批《目录》包含了上述销售车辆的车型，在第十七批《目录》发布后，A 公司可以修改 B 纳税人所购车辆的电子信息，标注免税标识并重新上传。B 纳税人可凭免税标识及其他资料依法享受免税政策。

（五）纳税人缴纳车辆购置税后专用车辆纳入《目录》如何处理？

实行《目录》管理后，如果纳税人购买了专用车辆并缴纳了车辆购置税，之后该专用车辆列入了《目录》，申请人可在所销售车辆的车型列入《目录》后，在所销售车辆的车辆电子信息中标注免税标识，重新上传。纳税人可凭免税标识以及办理车辆购置税纳税申报需要提供的其他资料向主管税务机关申请退税；主管税务机关依法退还纳税人已缴税款。

举例说明：A 公司于 2025 年 1 月 15 日销售给 B 纳税人一台未列入《目录》的车辆，B 纳税人购车后缴纳了车辆购置税，之后税务总局、工业和信息化部发布的第十七批《目录》包含了上述销售车辆的车型，A 公司在第十七批《目录》发布后，可以修改 B 纳税人所购车辆的电子信息，标注免税标识并重新上传。B 纳税人可凭借免税标识及其他资料向主管税务机关办理退税。

个人所得税综合所得汇算清缴管理办法

2025 年 2 月 26 日　国家税务总局令第 57 号

《个人所得税综合所得汇算清缴管理办法》，已经 2025 年 2 月 21 日国家税务总局 2025 年度第 1 次局务会议审议通过，现予公布，自公布之日起施行。

国家税务总局局长：胡静林
2025 年 2 月 26 日

个人所得税综合所得汇算清缴管理办法

第一章　总　　则

第一条　为保护纳税人合法权益，规范个人所得税综合所得汇算清缴工作，根据《中华人民共和国个人所得税法》及其实施条例（以下统称个人所得税法）和《中华人民共和国税收征收管理法》及其实施细则（以下统称税收征管法）等有关规定，制定本办法。

第二条　纳税人取得综合所得，按纳税年度合并计算个人所得税，并依法办理汇算清缴。

第三条　本办法所称综合所得，是指纳税人取得的工资薪金所得、劳务报酬所得、稿酬所得和特许权使用费所得。

本办法所称汇算清缴，是指纳税人汇总一个纳税年度内取得的综合所得收入额，减除费用六万元以及专项扣除、专项附加扣除、依法确定的其他扣除和符合条件的公益慈善事业捐赠后，适用综合所得个人所得税税率并减去速算扣除数，减去减免税额后计算本年度实际应纳税额，再减去已预缴税额，确定该纳税年度应退或者应补税额，在法定期限内向税务机关办理纳税申报并结清税款的行为。具体计算公式如下：

应退或应补税额＝［（综合所得收入额－60000 元－“三险一金”等专项扣除－子女教育等专项附加扣除－依法确定的其他扣除－符合条件的公益慈善事业捐赠）× 适用税率－速算扣除数］－减免税额－已预缴税额

纳税人取得境外所得，应当按照有关规定据实申报。

第四条　纳税人按照实际取得综合所得的时间，确定综合所得所属纳税年度。

取得境外所得的境外纳税年度与公历年度不一致的，以境外纳税年度最后一日所在的公历年度，为境外所得对应的我国纳税年度。

第五条　纳税人应当在取得综合所得的纳税年度的次年三月一日至六月三十日内办理汇算清缴。在中国境内无住所的纳税人在汇算清缴开始前离境的，可以在离境前办理。

第六条　纳税人取得综合所得时已依法预缴个人所得税且符合下列情形之一的，无需办理汇算清缴：

（一）汇算清缴需补税但综合所得收入全年

不超过规定金额的；

（二）汇算清缴需补税但不超过规定金额的；

（三）已预缴税额与汇算清缴实际应纳税额一致的；

（四）符合汇算清缴退税条件但不申请退税的。

第七条　纳税人取得综合所得并且符合下列情形之一的，需要依法办理汇算清缴：

（一）已预缴税额大于汇算清缴实际应纳税额且申请退税的；

（二）已预缴税额小于汇算清缴实际应纳税额且不符合本办法第六条规定情形的；

（三）因适用所得项目错误、扣缴义务人未依法履行扣缴义务、取得综合所得无扣缴义务人，造成纳税年度少申报或者未申报综合所得的。

第二章　汇算清缴准备及有关事项填报

第八条　纳税人在汇算清缴前应确认填报的联系电话、银行账户等基础信息的有效性，并通过个人所得税 APP（以下简称个税 APP）、自然人电子税务局网站（以下简称网站）或者扣缴义务人查阅确认综合所得、相关扣除、已缴税额等信息。

第九条　纳税人可以在汇算清缴时填报或补充下列扣除：

（一）减除费用六万元；

（二）符合条件的基本养老保险、基本医疗保险、失业保险等社会保险费和住房公积金等专项扣除；

（三）符合条件的 3 岁以下婴幼儿照护、子女教育、继续教育、大病医疗、住房贷款利息或者住房租金、赡养老人等专项附加扣除；

（四）符合条件的企业年金和职业年金、商业健康保险、个人养老金等其他扣除；

（五）符合条件的公益慈善事业捐赠。

纳税人填报本条第二项至第五项扣除的，应当按照规定留存或者提供有关证据资料。

第十条　同时取得综合所得和经营所得的纳税人，可在综合所得或者经营所得中申报减除费用六万元、专项扣除、专项附加扣除以及依法确定的其他扣除，但不得重复申报减除。

第十一条　纳税人填报的专项附加扣除，应当符合个人所得税法及国家有关规定。

纳税人与其他填报人共同填报 3 岁以下婴幼儿照护、子女教育、大病医疗、住房贷款利息或者住房租金、赡养老人等专项附加扣除的，应当与其他填报人在允许扣除的标准内确认扣除金额。

第十二条　纳税人享受相关减税或免税等税收优惠政策的，应当在填报前认真了解政策规定，确认符合条件。

第十三条　纳税人对扣缴义务人申报的综合所得等信息有异议的，应当先行与扣缴义务人核实确认。确有错误且扣缴义务人拒不更正的，或者存在身份被冒用等情况无法与扣缴义务人取得联系的，纳税人可以通过个税 APP、网站等向税务机关发起申诉。

第三章　汇算清缴办理及服务

第十四条　纳税人可以选择下列方式办理汇算清缴：

（一）自行办理；

（二）通过任职受雇单位（含按累计预扣法预扣预缴其劳务报酬所得个人所得税的单位，以下统称单位）代为办理；纳税人提出要求的，单位应当代为办理或者培训、辅导纳税人完成申报和退（补）税；由单位代为办理的，纳税人应当与单位以书面或者电子等方式进行确认，纳税人未与单位确认的，单位不得代为办理；

（三）委托涉税专业服务机构或者其他单位及个人办理。委托办理的，纳税人应当与受托人签订授权书。

第十五条　纳税人优先通过个税 APP、网站办理汇算清缴，也可以通过邮寄方式或到办税服务厅办理。选择邮寄方式办理的，纳税人应当将申报表寄送至主管税务机关所在省、自治区、直辖市和计划单列市税务局公告的地址。

第十六条　纳税人办理汇算清缴，需确保填报信息真实、准确、完整。

通过单位代为办理或者委托受托人办理的，纳税人应当如实向单位或者受托人提供纳税年度的全部综合所得、相关扣除、享受税收优惠等信息资料。

纳税人、代为办理汇算清缴的单位，需将全部综合所得、相关扣除、享受税收优惠等信息资料自汇算清缴期结束之日起留存5年。

第十七条　代为办理汇算清缴的单位或者受托人为纳税人办理汇算清缴后，应当及时将办理情况通知纳税人。纳税人发现汇算清缴存在错误的，可以要求单位或者受托人更正申报，也可以自行更正申报。

第十八条　在汇算清缴期内纳税人自行办理或者委托受托人办理的，向纳税人任职受雇单位的主管税务机关申报；有两处及以上任职受雇单位的，可自主选择向其中一处主管税务机关申报。由单位代为办理汇算清缴的，向单位的主管税务机关申报。

纳税人没有任职受雇单位的，向其主要收入来源地、户籍所在地或者经常居住地的主管税务机关申报。主要收入来源地，是指纳税年度向纳税人累计发放劳务报酬、稿酬及特许权使用费金额最大的扣缴义务人所在地。

汇算清缴期结束后，税务部门为尚未办理汇算清缴的纳税人确定其主管税务机关。

除特殊规定外，纳税人一个纳税年度的汇算清缴主管税务机关一经确定不得变更。

第十九条　税务机关依托个税APP、网站提供申报表项目预填服务，帮助纳税人便捷办理汇算清缴。

税务机关开展汇算清缴政策解读和操作辅导，通过个税APP、网站、12366等渠道提供涉税咨询。

独立完成汇算清缴存在困难的特殊人群提出申请，税务机关可以为其提供个性化便民服务。

第二十条　税务机关在汇算清缴初期提供预约办理服务，有办理需求的纳税人可以通过个税APP预约。

税务机关、单位分批分期引导提醒纳税人在确定的时间段内办理汇算清缴。

第二十一条　纳税人不能按期办理汇算清缴需要延期的，应当在汇算清缴期结束前向税务机关提出延期申请，经税务机关核准后，可以延期办理；但应在汇算清缴期内按照上一汇算清缴期实际缴纳的税额或者税务机关核定的税额预缴税款，并在核准的延期内完成汇算清缴。

第四章　退（补）税

第二十二条　纳税人依法办理汇算清缴，实际应纳税额小于已预缴税额的，可以申请汇算清缴退税。

纳税人汇算清缴补税的，应当在汇算清缴期结束前缴纳税款。

第二十三条　综合所得收入额不超过六万元且已预缴个人所得税的纳税人，在汇算清缴期内可以通过个税APP、网站选择简易申报方式办理汇算清缴退税。

对符合汇算清缴退税条件且生活负担较重的纳税人，税务机关提供优先退税服务。

第二十四条　纳税人提交汇算清缴退税申请后，税务机关依法开展退税审核。

税务机关审核发现退税申请不符合规定，应当通知纳税人补充提供资料或更正汇算清缴申报，纳税人拒不提供资料或者拒不更正申报的，税务机关不予退税。

第二十五条　申请汇算清缴退税及其他退税的纳税人，存在下列情形的，需在办理以前年度汇算清缴补税、更正申报或者提供资料后申请退税：

（一）未依法办理以前年度汇算清缴补税的；

（二）经税务机关通知以前年度汇算清缴存在疑点且未更正申报或提供资料的。

第二十六条　纳税人申请汇算清缴退税，应当提供其在中国境内开设的符合条件的银行账户。税务机关按规定审核后办理税款退库。

纳税人未提供本人有效银行账户或者提供的账户信息有误的，按规定更正后申请退税。

第二十七条　纳税人办理汇算清缴补税的，可以通过网上银行、办税服务厅、银行柜台、非银行支付机构等渠道缴纳税款。

选择邮寄方式办理汇算清缴补税的，纳税人应当通过个税 APP、网站或者主管税务机关确认汇算清缴进度并及时缴纳税款。

第五章　管理措施及法律责任

第二十八条　汇算清缴期结束后，对未申报补税或者未足额补税的纳税人，税务机关依法追缴其不缴或者少缴的税款、加收滞纳金，并在其个人所得税纳税记录中予以标注。纳税人纠正其未申报或未补税行为后，税务机关应当及时撤销标注。

第二十九条　纳税人因申报信息填写错误造成汇算清缴多退或少缴税款，主动改正或经税务机关提醒后及时改正的，税务机关可以按照“首违不罚”原则免予处罚。

第三十条　纳税人存在未按规定办理纳税申报、不缴或者少缴税款、进行虚假纳税申报、不配合税务检查、虚假承诺等行为，纳入信用信息系统，构成严重失信的，按照有关规定实施失信约束。

第三十一条　单位未按照规定为纳税人代为办理汇算清缴，或者冒用纳税人身份办理扣缴申报、汇算清缴的，按照有关规定处理，并纳入企业纳税信用评价。

企业法定代表人、合伙企业自然人合伙人、个人独资企业投资者等未依法办理汇算清缴的，关联纳入企业纳税信用评价。

第三十二条　受托人协助纳税人虚假申报、骗取退税或者实施其他与汇算清缴相关的税收违法行为，按照税收征管法及涉税专业服务管理等规定处理，并纳入涉税专业服务信用评价管理。

第三十三条　汇算清缴期结束后，对未申报补税或者未足额补税的纳税人，税务机关依法责令其限期改正并送达相关文书，逾期仍不改正的，税务机关可依据税收征管法规定处理处罚。情节严重的，予以公开曝光。

第三十四条　税务机关、代为办理单位、受托人应当依法为纳税人涉税信息保密。

第三十五条　税务机关及其工作人员违反法律法规等规定，侵犯纳税人合法权益的，纳税人可以依法投诉、举报或者申请行政复议、提起行政诉讼。

第六章　附　　则

第三十六条　纳税人取得财产租赁等分类所得，以及按规定不并入综合所得计算纳税的所得，不适用本办法。

非居民个人取得工资薪金所得、劳务报酬所得、稿酬所得、特许权使用费所得，不适用本办法。

第三十七条　本办法自公布之日起施行。

政策解读

关于《个人所得税综合所得汇算清缴管理办法》的解读

根据《中华人民共和国个人所得税法》、《中华人民共和国税收征收管理法》和国家有关规定，国家税务总局研究起草了《个人所得税综合所得汇算清缴管理办法》（以下简称《办法》），于2025年1月3日至2月2日正式向社会公开征求意见，认真研究并吸纳有关意见建议后，2025年2月21日国家税务总局第1次局务会议审议通过，自公布之日起施行。

一、出台《办法》的主要背景

2019年起，我国开始实施综合与分类相结合的新个人所得税制。每年年度终了后，纳税人需对上一年度取得的工资薪金、劳务报酬、稿酬、特许权使用费四项综合所得合并计税，向税务机关办理汇算清缴，结清应退或者应补税款。2019—2023年，税务部门每年均发布办理个人所得税综合所得汇算清缴事项的公告，明确汇算清缴内容、适用情形、办理时间、办理方式、办理渠道、申报信息等事项。在社会各界的共同支持和积极参与下，五次汇算清缴整体平稳，出台更加稳定成型的综合所得汇算清缴管理办法已具备条件。

党的二十届三中全会《决定》提出，“完善综合和分类相结合的个人所得税制度”，对规范个人所得税综合所得汇算清缴服务与管理提出了更高要求。为进一步贯彻落实三中全会部署，更好稳定社会预期，推进汇算清缴工作的常态化开展，税务总局以前五次汇算清缴公告内容为主体，在全面回顾和系统总结历次汇算清缴情况的基础上，充分吸纳纳税人以及社会各界提出的意见和建议，起草并出台《办法》。

二、《办法》的主要内容

《办法》总体延续了历年办理个人所得税综合所得汇算清缴事项公告的主要内容，共六章三十七条。主要内容包括：第一章总则，主要明确汇算清缴范围、汇算清缴概念、纳税年度、汇算清缴期限、汇算清缴情形等内容。第二章汇算清缴准备及有关事项填报，主要明确纳税人汇算清缴前需开展的准备工作，可在汇算清缴时填报或补充的扣除、减免税及相关要求，以及异议申诉流程。第三章汇算清缴办理及服务，主要明确汇算清缴办理方式、办理渠道、资料留存、更正申报、主管税务机关、延期申报等内容，以及税务机关为纳税人提供的申报表项目预填服务、预约办理服务、政策解读操作辅导服务等。第四章退（补）税，主要明确汇算清缴退税条件、退税审核、账户要求、补税渠道等内容，对符合条件的纳税人，税务机关提供优先退税服务、简易申报退税服务。第五章管理措施及法律责任，主要明确汇算清缴各方责任、个人所得税纳税记录标注、纳税信用管理、信息保密、责令限期改正、处理处罚等内容，强调纳税人依法享受税收法律救济权。第六章附则，主要明确《办法》生效时间以及不适用《办法》的两类情形。

三、《办法》的主要特点

《办法》更加注重稳定社会预期，结合近几年的服务和管理实践，将其中实施效果明显、纳税人感受较好的举措以制度形式予以固化，进一步健全汇算清缴服务管理体系。比如，将税务机关提供申报表项目预填服务、汇算清缴初期预约办理服务以及对符合汇算清缴退税条件且生活负担较重的纳税人优先退税服务等举措写入《办法》，方便纳税人快捷办理汇算清缴；再如，《办法》基于部分纳税人在汇算清缴期间对自身收入纳税情况有疑问或存在身份被冒用等情况的，税务机关提供异议申诉渠道。

《办法》更加重视保护纳税人的合法权益，更为清晰界定汇算清缴各方权利义务关系，为汇算清缴服务管理提供了更好的法律保障。比如，《办法》要求税务机关和工作人员应当依法为个人相关涉税信息保密，并列示了纳税人合法权益受到侵犯时的法律救济渠道。

《办法》也更加注重方便纳税人详细了解汇算清缴各类事项，指引纳税人做好各项汇算清缴准备。比如，汇算清缴开始前，广大纳税人可及时在个人所得税APP中确认填报的联系电话、银行账户等基础信息的有效性；通过个人所得税APP或者扣缴义务人查阅确认综合所得、相关扣除、已缴税额等信息的准确性；同时梳理在汇算清缴时填报的有关证据资料。以2024年度个人所得税综合所得汇算清缴为例，本次汇算清缴于2025年3月1日开始。系统也已于2月21日开放预约功能，有在3月1日至20日期间办理汇算清缴需求的纳税人，可通过个人所得税APP进行预约。

四、需要说明的问题

（一）关于无需办理汇算清缴的情形

《办法》第六条规定了纳税人取得综合所得且依法预缴个人所得税前提下无需办理汇算清缴的四类情形。其中，“（一）汇算清缴需补税但综合所得收入全年不超过规定金额的；（二）汇算清缴需补税但不超过规定金额的”，主要是指《财政部　税务总局关于延续实施个人所得税综合所得汇算清缴有关政策的公告》（财政部　税务总局公告2023年第32号）中规定的“在2027年12月31日前，纳税人取得的综合所得，年度综合所得收入不超过12万元且需要汇算清缴补税的，或者年度汇算清缴补税金额不超过400元的，可免于办理个人所得税综合所得汇算清缴”。

（二）关于优先退税服务

《办法》第二十三条第二款规定，“对符合汇算清缴退税条件且生活负担较重的纳税人，税务机关提供优先退税服务”。主要是指，对“上有老下有小”、看病负担较重、收入降幅较大以及适用简易申报退税的群体，税务部门将延续执行优先退税制度，为纳税人提供更便捷的退税服务。

（三）关于汇算清缴退税审核提示提醒事项

《办法》第二十四条第二款规定，“税务机关审核发现退税申请不符合规定，应当通知纳税人补充提供资料或更正汇算清缴申报，纳税人拒不提供资料或者拒不更正申报的，税务机关不予退税”。税务机关在开展退税审核时，发现纳税人退税申请不符合规定的，将通过个人所得税APP及网站消息、手机短信、电话等方式向纳税人开展提醒，纳税人接收该消息后，应当及时补充资料或者更正汇算清缴申报，避免影响自身的纳税信用。

（四）关于责令限期改正文书送达

《办法》第三十三条规定，“汇算清缴期结束后，对未申报补税或者未足额补税的纳税人，税务机关依法责令其限期改正并送达相关文书”。对已签订《税务文书电子送达确认书》的，税务机关通过个税APP、网站等渠道进行电子文书送达；对未签订《税务文书电子送达确认书》的，以其他方式送达。电子送达与其他送达方式具有同等法律效力。

《办法》出台后，税务部门将切实加强汇算清缴办税辅导、完善纳税服务，持续优化个税APP各项功能，及时回应、解决纳税人的合理诉求，一如既往地为纳税人提供更好的申报体验。

工业和信息化部　国家发展改革委 财政部　税务总局 关于2024年度享受研发费用加计扣除政策的工业母机企业清单制定工作有关事项的通知

2025年3月5日　工信部联通装函〔2025〕64号

各省、自治区、直辖市及计划单列市、新疆生产建设兵团工业和信息化主管部门、发展改革主管部门、财政厅（局），国家税务总局各省、自治区、直辖市、计划单列市税务局：

根据《财政部　税务总局　国家发展改革委　工业和信息化部关于提高集成电路和工业母机企业研发费用加计扣除比例的公告》（财政部　税务总局　国家发展改革委　工业和信息化部公告2023年第44号）有关规定，为做好2024年度享受研发费用加计扣除政策的工业母机企业清单制定工作，现就相关事项通知如下：

一、适用本通知规定加计扣除政策的工业母机企业需同时符合以下条件：

（一）生产销售先进工业母机主机、关键功能部件、数控系统（以下称先进工业母机产品，详见财政部、税务总局、国家发展改革委、工业和信息化部公告2023年第44号的附件《先进工业母机产品基本标准》）的工业母机企业；

（二）2024年度申请优惠政策的企业具有劳动合同关系或劳务派遣、聘用关系的先进工业母机产品研究开发人员月平均人数占企业月平均职工总数的比例不低于15%；

（三）2024年度申请优惠政策的企业研究开发费用总额占企业销售（营业）收入（主营业务收入与其他业务收入之和，下同）总额的比例不低于5%；

（四）2024年度申请优惠政策的企业生产销售本通知规定的先进工业母机产品收入占企业销售（营业）收入总额的比例不低于60%，且企业收入总额不低于3000万元（含）。

二、申请列入清单的企业应于2025年3月31日前登录系统（www.gymjtax.com），选择“工业母机企业研发费用加计扣除政策申报入口”提交申请，并生成纸质文件加盖企业公章，连同必要佐证材料（电子版、纸质版）报各省、自治区、直辖市及计划单列市、新疆生产建设兵团工业和信息化主管部门（以下称地方工信部门）。已列入2023年清单的企业，拟继续申请进入2024年清单的，须重新提交《享受研发费用加计扣除政策的工业母机企业提交材料清单》（见附件）中第2、3、6、8项，其余项若有变化请一并提交。

三、地方工信部门根据企业条件（见本通知第一条），登录系统（www.gymjtax.com:8888/）对企业申报信息进行初核，并于4月15日前将初核通过名单报送至工业和信息化部。对于初核不通过企业，在系统内备注不通过理由。

四、工业和信息化部组织第三方机构，根据企业申报信息开展资格复核。根据复核意见，综合考虑工业母机产业链重点领域企业情况，工业和信息化部、国家发展改革委、财政部、税务总局进行联审并确认最终清单。企业可于 5 月 10 日后，从信息填报系统中查询是否列入清单。

五、列入清单的企业在下一年度企业所得税预缴申报时，可自行判断是否符合条件，如符合条件，在预缴申报时可先行享受优惠。年度汇算清缴时，如未被列入 2025 年度清单，按规定补缴税款，依法不加收滞纳金。

六、地方工信部门会同发展改革、财政、税务部门按职责分工对清单内企业加强日常监管。在监管过程中，如发现企业存在以虚假信息获得减免税资格，应及时联合核查，并联合报送工业和信息化部进行复核。工业和信息化部会同国家发展改革委、财政部、税务总局复核，对确不符合条件的企业，取消其享受政策资格，并在三年之内不得申请享受本优惠政策。

七、企业对所提供材料和数据的真实性负责。申报企业应签署承诺书，承诺申报出现失信行为，接受有关部门按照法律法规和国家有关规定处理。

特此通知。

附件：享受研发费用加计扣除政策的工业母机企业提交材料清单

扫码阅读

国家税务总局关于《中华人民共和国政府和意大利共和国政府对所得消除双重征税和防止逃避税的协定》生效执行的公告

2025 年 3 月 6 日　国家税务总局公告 2025 年第 6 号

《中华人民共和国政府和意大利共和国政府对所得消除双重征税和防止逃避税的协定》（以下简称《协定》）于 2019 年 3 月 23 日在罗马正式签署。中意双方已完成《协定》生效所必需的各自国内法律程序。《协定》于 2025 年 2 月 19 日生效，适用于 2026 年 1 月 1 日或以后取得所得的源泉扣缴的税收，以及 2026 年 1 月 1 日或以后开始的任何纳税期间征收的其他所得税。

《协定》文本已在国家税务总局网站发布。

特此公告。

政策解读

关于《国家税务总局关于〈中华人民共和国政府和意大利共和国政府对所得消除双重征税和防止逃避税的协定〉生效执行的公告》的解读

一、关于人的范围

《中华人民共和国政府和意大利共和国政府对所得消除双重征税和防止逃避税的协定》（以下简称《协定》）第一条第二款纳入了关于税收透明体的规定。根据该规定，对于按照缔约国任何一方的税法视为完全透明或部分透明的实体或安排，缔约国一方将该实体或安排取得或通过其取得的所得作为本国居民取得所得进行税务处理的部分，应视为由缔约国一方居民取得的所得，缔约国另一方应允许就该部分所得给予协定待遇。

二、关于税种范围

《协定》在中国适用于个人所得税和企业所得税，在意大利适用于个人所得税、公司所得税以及就生产性活动征收的地方税，无论这些税是否通过源泉扣缴的方式征收。

三、关于常设机构

建筑工地、建筑、装配或安装工程，或者与其有关的监督管理活动，持续超过12个月的构成常设机构。企业通过雇员或雇用的其他人员提供劳务，包括咨询劳务，该性质的活动（为同一项目或相关联的项目）在缔约国一方任何12个月中连续或累计超过183天的构成常设机构。

四、关于股息

缔约国一方居民公司支付给缔约国另一方居民的股息，可以在缔约国一方按照该国法律征税。但是，如果股息的受益所有人是缔约国另一方居民，在受益所有人是公司且在包括股息支付日在内的365天期间均直接拥有支付股息的公司至少25%资本的情况下，所征税款不应超过股息总额的5%；在其他情况下，则不应超过股息总额的10%。

五、关于利息

（一）税率

发生于缔约国一方而支付给缔约国另一方居民的利息，可以在缔约国一方按照该国法律征税。但是，如果利息的受益所有人是缔约国另一方居民，对于向金融机构支付的三年期及以上的用于投资项目的贷款利息，所征税款不应超过利息总额的8%；在其他情况下，则不应超过利息总额的10%。

（二）免税规定

发生于缔约国一方的利息，属于以下情形之一的，应在该国免税：一是利息支付人为该缔约国一方政府或其地方当局；二是利息是支付给缔约国另一方政府、其行政区或地方当局、中央银行、公共机构，或由缔约国另一方全资拥有的任何机构，或者支付利息的贷款由缔约国另一方政府、其行政区或地方当局、中央银行、公共机构或由缔约国另一方政府全资拥有的任何机构担保或保险。同时，《协定》在议定书中明确了适用上述利息免税规定的“任何公共机构或由缔约国另一方政府全资拥有的任何机构”范围。《协定》还规定，发生于意大利而支付给作为中国居民的受益所有人的利息，当债券发行人是意大利银行、意大利存贷款银行（CDP）、外贸保险服务公司（Sace）或对外投资促进公司（Simest）时，应免于征收意大利税收。

六、关于特许权使用费

发生于缔约国一方而支付给缔约国另一方居民

的特许权使用费，可以在缔约国一方按照该国法律征税。但是，如果特许权使用费受益所有人是缔约国另一方居民，对于为使用或有权使用任何文学、艺术或科学著作（包括软件、电影影片、无线电或电视广播使用的胶片或磁带）的版权，任何专利、商标、设计或模型、图纸、秘密配方或程序，或者为有关工业、商业、科学经验的信息所支付的作为报酬的各种款项，所征税款不应超过特许权使用费总额的10%；对于为使用或有权使用工业、商业或科学设备所支付的作为报酬的各种款项，所征税款不应超过特许权使用费调整数额的10%，该项“调整数额”是指特许权使用费总额的50%。

七、关于财产收益

缔约国一方居民转让股份取得的收益，如果该股份超过50%的价值直接或间接来自位于缔约国另一方的不动产，可以在该缔约国另一方征税。

缔约国一方居民转让缔约国另一方居民公司股份取得的收益，如果转让者在转让行为前12个月内的任何时候曾经直接或间接持有该公司至少25%的资本，可以在该缔约国另一方征税。

八、关于享受协定优惠的资格判定

为防止协定滥用，《协定》在“享受协定优惠的资格判定”条款中纳入了“主要目的测试”规定，即如果申请享受协定优惠的人以获取协定优惠待遇为其安排或交易的主要目的之一，则不得享受协定优惠待遇，除非能够证明在此种情况下给予该优惠符合协定相关规定的宗旨和目的。

九、关于生效执行时间

中意双方已完成《协定》生效所必需的各自国内法律程序。《协定》于2025年2月19日生效，适用于2026年1月1日或以后取得所得的源泉扣缴的税收，以及2026年1月1日或以后开始的任何纳税期间征收的其他所得税。

国家外汇管理局　海关总署　国家税务总局
关于废止相关文件的公告

2025年3月15日　国家外汇管理局公告2025年第1号

国家外汇管理局、海关总署、国家税务总局宣布废止《国家外汇管理局　海关总署　国家税务总局关于货物贸易外汇管理制度改革的公告》（国家外汇管理局公告2012年第1号）。货物贸易外汇业务按照《国家外汇管理局关于印发〈经常项目外汇业务指引（2020年版）〉的通知》（汇发〔2020〕14号）和《国家外汇管理局关于进一步优化贸易外汇业务管理的通知》（汇发〔2024〕11号）等有关规定执行。本决定自公布之日起施行。

特此公告。

涉税专业服务管理办法（试行）

2025年3月17日　国家税务总局令第58号

《涉税专业服务管理办法（试行）》，已经2025年3月12日国家税务总局第2次局务会议审议通过，现予公布，自2025年5月1日起施行。

国家税务总局局长：胡静林
2025年3月17日

涉税专业服务管理办法（试行）

第一章　总　　则

第一条　为了规范涉税专业服务行为，保护纳税人合法权益，维护国家税收秩序，促进市场公平竞争，进一步优化营商环境，根据《中华人民共和国税收征收管理法》及其实施细则、《优化营商环境条例》等法律法规和国务院有关决定，制定本办法。

第二条　涉税专业服务机构及涉税服务人员在中华人民共和国境内提供涉税专业服务，适用本办法。

涉税专业服务是指接受委托，利用专业知识和技能，就涉税事项向委托人提供的税务代理等服务。

涉税专业服务机构是指税务师事务所和提供涉税专业服务的会计师事务所、律师事务所、代理记账机构、税务代理公司、财税类咨询公司以及其他提供涉税专业服务的机构。

涉税服务人员是指在涉税专业服务机构任职或者受雇提供涉税专业服务的人员，以及依照法律法规、部门规章规定提供涉税专业服务的其他人员。

第三条　税务机关应当建立健全以实名制为基础的涉税专业服务信用管理与风险管理机制，坚持管理与服务并重，规范和支持涉税专业服务行业按市场化原则为纳税人提供个性化服务。

第四条　涉税专业服务机构及涉税服务人员提供涉税专业服务，应当坚持独立、客观、公正、规范的原则，遵守法律法规及相关规定，遵循涉税专业服务业务规范，恪守职业道德。

第五条　税务机关应当严格规范税务人员与涉税专业服务机构及涉税服务人员的交往行为。

税务机关及其税务工作人员不得参与或者违规干预涉税专业服务机构经营活动。

税务机关及其税务工作人员对在涉税专业服务管理过程中知悉的商业秘密或者个人隐私，应当依法予以保密。

第六条　税务机关应当严格落实监督管理职责，积极发挥行业协会自律监督和社会监督作用，加强对税务师行业党的建设的指导。

第二章　管理范围

第七条　涉税专业服务包括以下内容：

（一）纳税申报代办；

（二）一般税务咨询；

（三）专业税务顾问；

（四）税务合规计划；

（五）涉税鉴证；

（六）纳税情况审查；

（七）其他税务事项代办；

（八）其他税务代理。

第八条　税务机关对涉税专业服务实行分类管理。涉税专业服务包括一般涉税专业服务和特定涉税专业服务。

本办法第七条第一项、第二项、第七项、第八项为一般涉税专业服务，第七条第三项至第六项为特定涉税专业服务。

第九条　从事涉税专业服务应当具有相应的税收专业知识和技能。

第十条　税务机关对税务师事务所实施行政登记管理。

第三章　管理与服务

第十一条　税务机关应当建立健全涉税专业服务管理工作机制，对涉税专业服务机构及涉税服务人员实行涉税业务的集中管理与服务。

税务机关应当加强涉税专业服务管理信息化建设，提高管理与服务的智能化、数字化水平，实现涉税专业服务数据集成、智能分析、风险提示、实时监控、信息推送等功能。

第十二条　税务机关应当加强对涉税专业服务机构及涉税服务人员的实名制管理，涉税专业服务机构及涉税服务人员应当以真实身份提供涉税专业服务。

涉税专业服务机构应当于首次提供涉税专业服务前，如实向税务机关报送机构及其涉税服务人员的基本信息，并根据实际情况及时更新相关信息。

依照法律法规、部门规章规定提供涉税专业服务的其他人员，应当于首次提供服务前，向户籍所在地、经常居住地或者提供服务所在地的主管税务机关如实报送本人的基本信息。

涉税专业服务机构及涉税服务人员应当如实签署申报表等涉税文书。

第十三条　税务机关应当运用信息技术对涉税专业服务机构及涉税服务人员赋予信用码。

信用码采用二维码形式，经扫码可展示持有者的基本信息及其信用情况。

涉税专业服务机构报送基本信息并作出信用承诺，取得涉税专业服务机构信用码。

涉税服务人员应当通过电子税务局等渠道经实名认证，取得涉税服务人员信用码。

第十四条　涉税专业服务机构及涉税服务人员为委托人提供业务委托协议约定的涉税专业服务，应当如实向税务机关报送业务委托协议要素信息。其中，提供本办法第七条第一项和第七项涉税专业服务的，应当于提供服务前报送，并根据实际情况及时更新相关信息；提供本办法第七条第二项至第六项、第八项涉税专业服务的，应当于业务委托协议签订或者变更、终止之日起30日内报送。

纳税人、扣缴义务人委托涉税专业服务机构及涉税服务人员代为办理税务事项时，应当向税务机关表明委托代理关系及相关授权事项，明确双方权利义务。

税务机关应当对纳税人、扣缴义务人授权的代理办税人员进行实名验证。对在多户纳税人、扣缴义务人担任办税人员的，应当由纳税人、扣缴义务人与办税人员在税务信息系统中确认任职受雇或者委托代理关系。

税务机关应当依托税务信息系统对代理办税人员在办税环节进行验证，确保其在委托人授权的范围内办理涉税事项。

第十五条　税务机关建立涉税专业服务业务信息采集制度，利用现有的信息化平台分类采集业务信息，提高分析利用水平。

提供第七条第三项至第六项涉税专业服务

的，应当向税务机关报送相关业务要素信息。

第十六条　涉税专业服务机构应当加强合规建设，按照涉税专业服务业务规范的要求，完善内部控制制度，建立质量管理制度、风险控制机制，规范承揽和开展业务。

涉税专业服务机构及涉税服务人员在业务实施过程中，应当加强对委托人的税法宣传辅导，促进提高税法遵从度。

涉税专业服务机构应当建立业务记录制度，记录执业过程并形成工作底稿，需要出具涉税报告和文书的，应当由承办业务的涉税服务人员签字并加盖涉税专业服务机构印章后交付委托人，由双方留存备查。法律、法规及国家税务总局规定报送的，应当向税务机关报送。

涉税专业服务机构应当支持涉税服务人员参加继续教育、业务培训，保持其专业胜任能力。

第十七条　涉税专业服务机构及涉税服务人员为委托人提供涉税专业服务，应当如实准确按照涉税专业服务类别对应的商品和服务税收分类编码开具发票。

第十八条　税务机关应当建立涉税专业服务信用评价管理制度，涉税专业服务机构信用（英文名称为 Tax Service Credit，缩写为 TSC）按照从高到低顺序分为五级，分别是 TSC5 级、TSC4 级、TSC3 级、TSC2 级和 TSC1 级。

税务机关对涉税服务人员采取信用积分和执业负面记录相结合的方式进行信用记录，建立累积信用积分激励机制，并为其提供自身信用记录的查询及下载服务。

税务机关根据涉税专业服务机构及涉税服务人员信用情况采取激励和约束措施。

第十九条　税务机关应当在门户网站、电子税务局和办税服务场所公示涉税专业服务机构名单及其信用情况，同时公示未经行政登记的税务师事务所名单、重点监管对象名单、涉税服务失信主体。

税务机关应当建立涉税专业服务机构信息公告制度，提供涉税专业服务机构信用等级及排名等查询服务，便于纳税人、扣缴义务人自主比较选择涉税专业服务机构。

第二十条　税务机关所需的涉税专业服务，应当严格执行政府购买服务相关规定。

第二十一条　税务机关应当为涉税专业服务机构及涉税服务人员提供便利化服务，不断优化税务信息系统的代理办税功能。

税务机关可以在涉税专业服务机构较为集中的区域，设立涉税专业服务机构办税服务专窗或者专区。

第二十二条　税务机关通过信息系统智能归集涉税专业服务机构相关数据，简化信息报送，定期生成涉税专业服务机构的年度服务总体情况，为其加强内部管理、防范执业风险、提升涉税专业服务信用等级提供参考。

第二十三条　税务机关应当加强对涉税专业服务机构及涉税服务人员的宣传辅导及业务培训，建立健全与涉税专业服务机构及其行业协会、纳税人之间的沟通机制。

第二十四条　税务机关应当加强对税务师行业协会的监督指导，发挥税务师行业在涉税专业服务行业中的示范和引领作用，与注册会计师、律师、代理记账等其他相关行业协会建立工作联系制度，强化行业自律监督，引导合规诚信经营，促进涉税专业服务行业高质量发展。

税务机关可以委托行业协会对涉税专业服务机构提供涉税专业服务的执业质量进行评价。

全国税务师行业协会负责拟制涉税专业服务业务规范，报国家税务总局批准后施行。

第四章　监督检查

第二十五条　税务机关应当对涉税专业服务机构及涉税服务人员实行风险管理，对其逃避涉税专业服务管理、不依法纳税、执业违规等风险事项进行监督检查。

税务机关应当加强对涉税专业服务机构及涉

税服务人员发布涉税违法违规信息问题的监测及处置。

第二十六条　税务机关负责对涉税专业服务执业情况进行检查，包括以下检查内容：

（一）涉税专业服务机构内部制度建设情况；

（二）涉税专业服务机构报送的基本信息；

（三）涉税专业服务机构的执业资质；

（四）涉税专业服务机构报送的业务信息；

（五）涉税专业服务机构执行涉税专业服务业务规范情况；

（六）涉税报告和文书留存备查情况；

（七）其他监督检查事项。

第二十七条　税务机关应当根据涉税专业服务机构的信用和风险等日常管理情况制定检查计划，明确检查的依据、频次、方式、内容和程序，抽取被检查对象；也可以根据举报投诉、涉税违法违规信息监测进行检查。

第二十八条　税务机关可以采取实地检查、调取业务档案、询问、查询、异地协查等方法，对涉税专业服务机构实施检查，对与检查相关的情况和资料，可以记录、录音、录像、照相和复制。

第二十九条　税务机关在检查完成后，应当形成检查报告。

对检查发现涉税专业服务机构及涉税服务人员存在违反本办法规定情形的，由主管税务机关进行处理。

对检查发现涉税专业服务机构及涉税服务人员存在其他涉税问题的，由税务机关按照规定进行处理；属于其他部门职责的，由主管税务机关移送有权处理部门。

对检查发现税务人员存在与涉税专业服务机构及涉税服务人员不当交往，或者涉嫌滥用职权、玩忽职守、徇私舞弊等行为的，由税务机关根据干部管理权限移送纪检监察机构处理，涉嫌违法犯罪的移送司法机关。

第三十条　税务机关应当加强与财政、司法行政、市场监管、网信等相关部门的协同管理。

第五章　处理与处罚

第三十一条　违反本办法，有下列情形之一的，由主管税务机关提示提醒、责令限期改正或者予以约谈，扣减信用积分或者纳入负面信用记录（第一、二项情形除外）；情节较重或者逾期不改正的，由主管税务机关列为重点监管对象，扣减信用积分、降低信用等级或者纳入负面信用记录（第一、二项情形除外），向委托人及委托人所在地主管税务机关进行风险提示；情节严重的，由主管税务机关列为涉税服务失信主体予以公告，向委托人及委托人所在地主管税务机关进行风险提示，所代理的涉税业务应当由其与委托人共同到税务机关现场办理：

（一）使用税务师事务所名称未办理行政登记的；

（二）提供涉税专业服务但未按规定报送涉税专业服务机构及涉税服务人员基本信息的；

（三）未按规定报送涉税专业服务业务委托协议、业务信息的；

（四）报送的基本信息、业务委托协议及业务信息与实际不符的；

（五）妨害税务机关依照本办法履行职责的；

（六）未以涉税服务人员身份，而以委托方办税人员身份办理业务，或者存在其他不以真实身份办理业务情形的；

（七）代为办理涉税业务未如实填报签署申报表等涉税文书的；

（八）不具备相应专业能力而从事相关涉税专业服务的；

（九）涉税服务人员违反规定，以个人名义提供涉税专业服务的；

（十）其他违反税务机关管理规定的行为。

有前款第一项情形且逾期不改正的，除按上述规定处理外，应当由税务机关提请同级市场监管部门责令其限期变更市场主体登记；对超过市场监管部门限期仍不改正的，由税务机关提请同级市场监管部门吊销其营业执照。

第三十二条　涉税专业服务机构及涉税服务人员有下列情形之一的，由主管税务机关列为重点监管对象，扣减信用积分、降低信用等级或者纳入负面信用记录，向委托人及委托人所在地主管税务机关进行风险提示；情节较重的，由主管税务机关列为涉税服务失信主体予以公告，向委托人及委托人所在地主管税务机关进行风险提示，所代理的涉税业务应当由其与委托人共同到税务机关现场办理；情节严重的，由设区的市、自治州税务机关列为涉税服务严重失信主体予以公告，向委托人及委托人所在地主管税务机关进行风险提示，所代理的涉税业务应当由其与委托人共同到税务机关现场办理，将信息通报相关部门实施监管和联合惩戒，对税务师事务所由其行政登记的税务机关宣布《税务师事务所行政登记证书》无效，提请市场监管部门吊销其营业执照，提请全国税务师行业协会取消税务师职业资格证书登记、收回其职业资格证书并向社会公告，对会计师事务所、律师事务所、代理记账机构等其他涉税专业服务机构及其涉税服务人员由税务机关提请其他行业主管部门及行业协会予以相应处理：

（一）违反税收法律、行政法规，造成委托人未缴少缴税款或者骗取税收优惠，按照《中华人民共和国税收征收管理法》及其实施细则相关规定被处罚的；

（二）未按涉税专业服务业务规范执业，出具虚假意见的；

（三）采取隐瞒、欺诈、贿赂、串通、回扣、不当承诺、恶意低价、虚假涉税宣传及广告等不正当手段承揽业务，损害国家税收利益、委托人或者他人利益的；

（四）公开歪曲解读税收政策，扰乱正常税收秩序的；

（五）唆使、诱导、帮助他人实施涉税违法违规活动的；

（六）利用服务之便，谋取不正当利益的；

（七）以税务机关和税务人员的名义敲诈纳税人、扣缴义务人的；

（八）向税务机关工作人员及其配偶、子女及其配偶等亲属和其他特定关系人输送不正当利益或者指使、诱导委托人输送不正当利益的；

（九）其他违反税收及相关法律法规的行为。

第三十三条　存在第三十一条第一款所列情形的，情节较重或者逾期不改正的，对机构处以一千元以下、对人员处以五百元以下罚款；情节严重的，对机构处以二千元以下、对人员处以一千元以下罚款。

违反税收法律、行政法规，造成委托人未缴少缴税款或者骗取税收优惠的，对涉税专业服务机构及涉税服务人员按照《中华人民共和国税收征收管理法》及其实施细则相关规定予以处罚；涉税专业服务机构已被依法处罚、所属涉税服务人员未被依法处罚的，对负有直接责任的涉税服务人员，处以一千元以下罚款；情节较重的，处以二千元以下罚款；情节严重的，处以五千元以下罚款。

存在第三十二条第二项至第九项情形，未按照相关法律法规被处罚的，对涉税专业服务机构处以二千元以下、对涉税服务人员处以一千元以下罚款；情节较重的，对涉税专业服务机构处以五千元以下、对涉税服务人员处以二千元以下罚款；情节严重的，对涉税专业服务机构处以一万元以下、对涉税服务人员处以五千元以下罚款。

第三十四条　涉税专业服务机构有证据证明涉税服务人员的违法违规行为属与本机构无关的个人行为的，可以免予对涉税专业服务机构的处理处罚。

第三十五条　税务机关及其税务工作人员违反本办法规定的，对直接责任人和相关责任人依规依纪依法处理。

第六章 附 则

第三十六条 各省级税务机关可以依据本办法，结合本地实际，制定具体实施办法并报国家税务总局备案。

第三十七条 本办法所称“以下”包含本数。

第三十八条 本办法自2025年5月1日起施行。

本办法施行之前的涉税专业服务有关管理规定与本办法不一致的，以本办法为准。

第三十九条 本办法由国家税务总局解释。

政策解读

关于《涉税专业服务管理办法（试行）》的解读

为规范涉税专业服务行为，保护纳税人合法权益，维护国家税收秩序，促进市场公平竞争，进一步优化营商环境，依据《中华人民共和国税收征收管理法》及其实施细则、《优化营商环境条例》等法律法规和国务院有关决定，税务总局制定了《涉税专业服务管理办法（试行）》（以下简称《管理办法》）。现解读如下：

一、《管理办法》出台的主要意义是什么?

《管理办法》出台旨在深入贯彻落实《中共中央关于进一步全面深化改革 推进中国式现代化的决定》关于完善中介服务机构法规制度体系，促进中介服务机构诚实守信、依法履责的要求，进一步完善涉税专业服务制度体系，规范涉税专业服务行为，促进提升涉税专业服务质量，维护国家税收利益和纳税人合法权益，助力优化税收营商环境。

二、涉税专业服务的内容是什么?

《管理办法》所称的涉税专业服务是指接受委托，利用专业知识和技能，就涉税事项向委托人提供的税务代理等服务，包括：（一）纳税申报代办。对纳税人、扣缴义务人提供的资料进行归集和专业判断，代理纳税人、扣缴义务人进行纳税申报准备和签署纳税申报表、扣缴税款报告表以及相关文件。（二）一般税务咨询。对纳税人、扣缴义务人的日常办税事项提供税务咨询服务。（三）专业税务顾问。对纳税人、扣缴义务人的涉税事项提供长期的专业税务顾问服务。（四）税务合规计划。对纳税人、扣缴义务人的经营和投资活动提供符合税收法律法规及相关规定的纳税计划、纳税方案。（五）涉税鉴证。按照法律、法规以及依据法律、法规制定的相关规定要求，对涉税事项真实性和合法性出具鉴定和证明。（六）纳税情况审查。接受行政机关、司法机关委托，依法对企业纳税情况进行审查，作出专业结论。（七）其他税务事项代办。接受纳税人、扣缴义务人的委托，代理建账记账、发票领用、减免退税申请等税务事项。（八）其他税务代理。《管理办法》施行之前的涉税专业服务管理规定中所称的“纳税申报代理”“税收策划”“其他税务事项代理”“其他涉税服务”，相应调整为“纳税申报代办”“税务合规计划”“其他税务事项代办”“其他税务代理”。

三、税务机关如何简化涉税专业服务机构信息报送?

税务机关通过信息系统智能归集涉税专业服务机构相关数据，简化信息报送，定期生成涉税专业服务机构的年度服务总体情况，为其加强内部管理、防范执业风险、提升涉税专业服务信用等级提供参考。

四、税务机关如何强化涉税专业服务实名制管理?

税务机关对纳税人、扣缴义务人授权的代理办税人员进行实名验证。对在多户纳税人、扣缴义务人担任办税人员的，应当由纳税人、扣缴义务人与办税人员在税务信息系统中确认任职受雇或委托代理关系。各省税务局根据实际情况对多户“网眼”进行限定。

五、税务机关如何创新和完善信用管理机制?

运用信息技术对涉税专业服务机构及涉税服务人员赋予信用码，采用二维码形式，形成对机构及人员的数字标识，推行“亮码”执业，促进其诚实守信、依法履责。

六、税务机关如何规范对涉税专业服务执业情况的检查?

税务机关开展涉税专业服务执业监督检查是落实《优化营商环境条例》的具体举措。其目的是督促涉税专业服务机构及涉税服务人员提高涉税专业服务质量，维护国家税收利益和纳税人合法权益。《管理办法》明确了检查主体、检查内容、检查方式、检查程序、时限要求和结果处置等内容，规范税务部门的执业检查流程。

七、税务机关如何对违反法律法规及相关规定的涉税专业服务机构及涉税服务人员进行处理和处罚?

税务机关坚持包容审慎的原则，对涉税专业服务机构及涉税服务人员的违法违规行为进行处理处罚，对情节轻微的，采取提示提醒、责令限期改正或予以约谈，扣减信用积分或纳入负面信用记录等管理措施；对情节较重或逾期不改正的，采取列为重点监管对象，扣减信用积分、降低信用等级或纳入负面信用记录，向委托人及委托人所在地主管税务机关进行风险提示等管理措施；对情节严重的，采取列为涉税服务失信主体予以公告，向委托人及委托人所在地主管税务机关进行风险提示，以及要求所代理的涉税业务应当由其与委托人共同到税务机关现场办理等管理措施。同时，在部门规章可设立罚款的限额内，对相关违法违规行为处以一定金额罚款。

八、税务机关如何规范税务人员的涉税专业服务管理与服务行为?

税务机关严格规范税务人员与涉税专业服务机构及涉税服务人员的交往行为。税务机关及其税务工作人员不得参与或违规干预涉税专业服务机构经营活动。税务机关及其税务工作人员对在涉税专业服务管理过程中知悉的商业秘密或者个人隐私，应当依法予以保密。对税务机关及其税务工作人员违反《管理办法》规定的直接责任人和相关责任人依规依纪依法处理。

九、《管理办法》与《涉税专业服务监管办法(试行)》有何区别联系?

《管理办法》以部门规章形式公布施行，进一步完善了涉税专业服务管理制度体系。《涉税专业服务监管办法(试行)》等相关税务规范性文件，暂不废止，其中有关规定与《管理办法》不一致的，以《管理办法》为准。

财政部　税务总局
关于继续实施离岸贸易印花税优惠政策的通知

2025 年 3 月 24 日　财税〔2025〕10 号

上海市、江苏省、浙江省、福建省、山东省、广东省、海南省财政厅（局），国家税务总局上海市、江苏省、浙江省、广东省、海南省、宁波市、厦门市、青岛市、深圳市税务局：

为落实党的二十届三中全会精神，进一步支持自由贸易试验区发展离岸贸易，现就继续实施离岸贸易印花税优惠政策通知如下：

一、对注册登记在中国（上海）自由贸易试验区及临港新片区、中国（江苏）自由贸易试验区苏州片区、中国（浙江）自由贸易试验区、中国（福建）自由贸易试验区厦门片区、中国（山东）自由贸易试验区青岛片区、中国（广东）自由贸易试验区以及海南自由贸易港的企业开展离岸转手买卖业务书立的买卖合同，免征印花税。

本通知所称离岸转手买卖，是指居民企业从非居民企业购买货物，随后向另一非居民企业转售该货物，且该货物始终未实际进出我国关境的交易。

二、本通知自 2025 年 4 月 1 日起执行至 2027 年 12 月 31 日。

国家税务总局等 7 部门办公厅（室）
关于开展 2025 年助力小微经营主体发展“春雨润苗”专项行动的通知

2025 年 3 月 24 日　税总办纳服发〔2025〕23 号

为深入学习贯彻习近平总书记在民营企业座谈会上的重要讲话精神，认真贯彻落实党的二十大和二十届三中全会有关部署，深入实施数字化转型条件下的税费征管“强基工程”，持续优化小微经营主体税费服务，促进民营经济发展壮大，税务总局会同国家发展改革委、工业和信息化部、人力资源社会保障部、市场监管总局、国家医保局和全国工商联，决定组织开展 2025 年助力小微经营主体发展“春雨润苗”专项行动（以下简称“春雨润苗”行动），以着力深化多部门协同共治为主线，以“聚力小微　焕新赋能”为主题，开展“提升服务质效”“护航健康成长”“助力发展升级”三大类系列活动，重点推出 10 项服务举措。各相关部门按照总体设计、层层分解、分工协作、持续推进的原则具体实施。

一、开展“提升服务质效”活动

（一）精准宣传辅导，提升惠企服务体验。各地税务部门联合发改、工信、人社、市场监管、医保、工商联等部门统筹梳理支持小微经营主体发展政策，围绕促进民营经济、新质生产力等主题，制作通俗易懂、喜闻乐见的宣传产品，发挥各级中小企业公共服务机构和中国中小企业服务网等渠道平台作用，通过“一起益企”专项服务行动等活动，深入开展专题培训、政策宣讲、案例分享等服务。各地税务部门针对小微经营主体全生命周期的不同阶段，聚焦开业、变更、注销等重点事项，打造定制化、套餐式、模块化的税费服务宣传场景，为小微经营主体提供精细化、个性化的优质辅导；广泛动员行业协会、涉税专业服务机构等社会力量，深入开展办税缴费帮扶等税收志愿服务，为小微经营主体提供更加丰富的公益性宣传辅导。各地税务、工商联联合科技、财政、金融监管等部门梳理归集科技扶持、资金奖励、贷款贴息等政策，运用税收大数据精准匹配适用对象，通过征纳互动服务等渠道对科技型和创新型中小企业、专精特新中小企业、国家新兴产业发展示范基地企业等开展精准推送。

（二）加强协同配合，便利快捷办税缴费。各地税务部门联合科技、工信、人社、市场监管、金融监管、医保等部门，针对小微经营主体业务办理不熟练、生产经营变动快、发展壮大意愿强等特点，围绕企业数据填报、企业迁移登记、参保缴费、“个转企”等跨部门事项，拓展“高效办成一件事”服务范围，最大限度“减时间、减环节、减材料、减跑动”。各地税务部门持续深化征纳互动服务，通过“问办协同”“远程虚拟窗口”等及时解决纳税人缴费人线上业务办理过程中遇到的问题，实现跨区域协同办理，提升小微经营主体的办税缴费体验。各地税务部门会同人社、医保等部门巩固拓展社会保险申报缴费、参保登记业务“一厅联办”，聚焦新业态从业人员参保优化服务举措，探索开展区块链等新技术应用。

（三）多维征集分析，联动高效响应诉求。各地工商联在深入开展“进企业、解难题、送政策、促发展”活动中，联合税务部门加强税费优惠政策宣传，听取企业意见建议，推动惠企政策落实。各地税务部门联合发改、工信、市场监管、工商联等部门，探索建立小微经营主体诉求联动响应机制，通过数据比对、走访座谈、问卷调查等方式进行调研，开展小微经营主体发展情况系列专题分析，挖掘需多部门联合解决的复杂问题，协同解决“急难愁盼”，提出针对性对策建议。各级税务部门充分运用“税企面对面”常态化交流机制，收集解决小微经营主体税费诉求，不断提升权益性服务能力；拓展建立落实税费优惠政策重点行业协会、商会直联点，充分发挥行业协会、商会与小微经营主体联系紧密的集聚优势，及时了解、快速回应、高效解决共性税费诉求。各地发展改革部门将民营经济发展综合服务平台收到的民营企业涉税问题，及时转税务部门推动解决。

二、开展“护航健康成长”活动

（四）维护法治公平，促进主动合规经营。各地税务部门联合发改、工信、人社、市场监管、医保、工商联等部门，梳理不同行业、不同发展阶段小微经营主体在办理业务、享受政策、履行义务等方面的合规性要求，开展针对性辅导与精准化推送，提升合规经营能力；加大违法违规案件曝光力度，深入剖析法律后果，引导小微经营主体主动学法知法守法，增强合规经营和风险防范意识。各地税务部门推行涉税专业服务信用码，加强对涉税专业服务机构及人员的管理与服务，联合相关部门探索打造网上涉税专业服务市场，公布涉税专业服务机构的信用状况，引导其规范执业、优质服务，带动小微经营主体合规经营，维护法治公平。

（五）聚焦重点人群，助力充分创业就业。各地税务部门联合市场监管、行业主管部门，面向新办小微经营主体提供跨部门、多维度的政策宣传辅导，帮助其快速掌握适用政策与合规性要求，助力新办小微经营主体“好开业”。各地税务部门加强与人社、残联等部门的信息共享，通过提示提醒、上门辅导等方式，帮助企业充分享受税费优惠政策，增强其吸纳重点人群就业的积极性，支持重点人群“好就业”。各地税务部门充分利用微信、微博、抖音等新媒体平台，同时联合街道、院校开展送政策进社区、进校园等活动，针对性宣传支持高校毕业生、退役军人、残疾人等重点人群的创业税费优惠政策，提升政策知晓度，扩大宣传覆盖面，支持重点人群“好创业”。

（六）强化增信激励，增厚守信受益红利。各地税务部门开展纳税信用提升行动，通过电子税务局等渠道推送开办登记、生产经营、注销等场景的智能提醒，助力小微经营主体增强知信重信意识；持续为连续3年评为A级信用级别的小微经营主体提供优先服务。社会信用体系建设牵头部门基于全国信用信息共享平台建立健全守信联合激励系统，推动各相关部门和金融机构获取纳税信用A级小微经营主体名单等信用信息，执行或协助执行在融资便利、项目审批、财政资金等领域的激励措施。各地工商联发挥桥梁纽带和助手作用，积极开展工商联、税务部门、金融机构、民营企业间的对接活动，向金融机构推送优质民营企业名录，助力更多纳税信用良好的经营主体以税促信、以信换贷。

三、开展“助力发展升级”活动

（七）激发创新活力，赋能企业提质增效。各地工信、税务、市场监管部门联合科技部门建立协作机制，推动科技、市场监管、财税等方面的政策供给，在培育认定高新技术企业、落实研发费用税前加计扣除和先进制造业企业增值税加计抵减等优惠政策、促进专精特新中小企业发展壮大、小微企业质量认证提升等方面协同发力，推动小微企业创新发展与转型升级；强化对科技型企业孵化器、国家新兴产业发展示范基地企业在政策支持、能力建设、创新加速等方面的指导服务，保障其享受各项扶持政策，提高孵化器的服务能力和孵化成效；深化产学研合作，探索运用研发投入、报送信息等大数据筛选创新活动活跃的小微经营主体，助力企业创新需求与高校、科研机构研究成果的精准匹配，推动科研成果转化落地。各级中小企业公共服务机构和中国中小企业服务网要整合服务资源，围绕人才引育、投融资、成果转化等优化服务，促进中小企业专精特新发展。

（八）深化政策引导，推动绿色低碳发展。各地工信部门联合相关部门，聚焦产业链绿色发展需求，走访调研代表性小微经营主体，引导大型企业利用自身在产品绿色设计、绿色供应链管理、履行生产者责任延伸制度等方面的经验，带动上下游小微经营主体实施绿色低碳改造升级，培育绿色工厂。各地税务部门充分发挥多税共治、多策组合的绿色税制体系正向激励作用，落实好支持环境保护、促进节能环保、鼓励资源综合利用、推动低碳产业发展等方面的税费优惠政策，引导小微经营主体将绿色低碳发展理念贯穿于生产经营全过程。各地税务部门积极对接财政、水利等部门，联合开展水资源税改革专题活动，鼓励小微经营主体通过节水改造和技术创新提高用水效率，推动形成绿色发展方式。

（九）分型分类帮扶，支持个体日益壮大。各地市场监管、税务部门加强信息共享，完善个体工商户分型标准，做好“生存型”“成长型”“发展型”个体工商户分型判定，针对性做好降成本、促融资等差异化帮扶措施；共同做好“名特优新”个体工商户的培育认定工作，加强宣传推广、跟踪指导和个性化服务；鼓励引导“成长型”“发展型”和“名特优新”个体工商户自愿转型升级为企业，配套做好涉税事项管理服务；探索实施“个转企”过渡期举措，加强注册资本认缴、纳税申报等环节的指导，降低个体工商户转企后合规成本。

（十）赋能跨境经营，提高国际竞争能力。各级发展改革部门会同相关部门加强与“走出去”小微经营主体常态化沟通交流，用好民营经济发展综合服务平台，提供投资促进、外资外贸、减税降费等政策查询和问题解决一站式公共服务；开展企业能力培训、政策辅导解读，组织小微经营主体积极参与国际会议会展等交流活动，提升合规管理能力和风险防控水平，帮助拓展海外市场。各地税务部门强化“税路通”跨境税收服务品牌作用，持续更新税收指南、税收指引、海外案例、全球税讯等系列知识产品，推动跨境投资税收信息通、政策通、服务通；健全完善跨境贸易和投资税收服务体系，适配跨境电商等外贸新业态新模式管理服务新需求，积极落实跨境电商 B2B 企业所得税等税收支持政策，为小微经营主体“走出去”减负赋能。

各相关部门要进一步提高政治站位，切实强化责任担当，充分发挥职能作用，明确任务分工，协调统筹推进；要因地制宜细化落实举措，保持积极沟通，强化衔接配合，及时跟踪评估；要注重深化拓展行动成果，及时总结亮点举措，宣传推广服务小微经营主体的有益实践，切实增强小微经营主体服务能力，扎实推进“春雨润苗”行动走深走实。

国家税务总局关于发布《成品油涉税产品检测管理暂行办法》的公告

2025 年 3 月 24 日　国家税务总局公告 2025 年第 7 号

为规范成品油涉税产品检测工作，国家税务总局制定了《成品油涉税产品检测管理暂行办法》，现予发布，自发布之日起施行。

特此公告。

成品油涉税产品检测管理暂行办法

第一章　总　　则

第一条　为了加强成品油消费税管理，规范涉税产品检测工作，根据《中华人民共和国税收征收管理法》等有关法律法规规定，制定本办法。

第二条　本办法所称涉税产品检测，是指税务机关组织实施的，对生产、经销、存储、使用成品油涉税产品的单位，开展的不预先告知的抽样检测。必要时，可一并对企业生产装置和工艺流程进行核查。

涉税产品检测的结果，作为税务机关征收成品油消费税的判定依据。

第三条　本办法所称成品油涉税产品，是指以原油或其他原料加工生产的，可能属于成品油消费税征收范围的各类产品，包括原料、中间产品、产成品、下脚料、废料等。

第四条　涉税产品检测应当遵循实事求是、公正合法、程序规范的原则。

第五条　税务机关建立与发改、财政、市场监管等相关部门沟通机制，加强协调配合。经商请相关部门同意后，可以联合开展涉税产品检测，并将检测结果向相关部门通报。

税务机关可以聘请符合条件的第三方检测机构（以下简称检测机构）和专业人员协助开展涉税产品检测。

第六条　成品油涉税产品检测机构，应当具有市场监管总局检验检测机构资质认定（CMA 认定）和中国合格评定国家认可委员会认可（CNAS 认可），并具备相应的成品油涉税产品检测能力。

第七条　税务机关应当建立成品油生产企业信息采集机制，组织企业定期报送生产装置、工艺流程、仓储设施、生产销售情况等信息。

第八条　涉税产品初检所需费用，由组织检测的税务机关承担。涉税产品复检所需费用，视复检结论由组织检测的税务机关或受检单位承担。

第九条　税务机关应当主动接受社会各界对涉税产品检测工作的监督。

第十条　参加涉税产品检测的人员应当遵守法律法规及保密、回避、廉洁等规定。

第二章　启　　动

第十一条　有下列情形之一，税务机关可以启动涉税产品检测：

（一）纳税人对成品油涉税产品是否征税或适用税率存在争议的；

（二）举报线索反映纳税人可能存在涉税风险的；

（三）税务机关发现纳税人可能存在涉税风险的；

（四）新闻媒体曝光，造成重大社会影响的；

（五）其他需要开展涉税产品检测情形的。

第十二条　组织检测的税务机关应当统筹安排，做好业务指导和工作保障，派出检测组开展涉税产品检测。

第十三条　检测组应当由税务行政执法人员组成，由检测机构相关人员协助，必要时也可同时聘请石油化工等专业人员协助检测工作。

第十四条　检测组应当制定涉税产品检测的具体实施方案，明确检测对象、时间、方式、程序、重点、标准等，主动研判风险，视情况提出防控预案。

具体实施方案报经组织检测的税务机关同意后执行。

第十五条　税务机关应当与检测机构（包括初检和复检机构）签订涉税产品检测委托协议，明确权利、义务、违约责任等内容。

如无法由一家检测机构独立完成涉税产品检测，税务机关可以聘请多家检测机构协助开展相关工作。

第十六条　检测机构应当保证检测过程和结论客观、公正、真实，不得有下列行为：

（一）未经组织检测的税务机关同意，擅自转委托第三方检测；

（二）利用承担涉税产品检测的便利，牟取非法或者不当利益；

（三）未经组织检测的税务机关同意，对外透露与涉税产品检测相关信息；

（四）向受检单位违规收取费用；

（五）其他可能影响检测的不当行为。

第十七条　受检单位应当配合做好涉税产品检测有关工作，及时提供真实、完整、准确的检测样品及有关资料。不得以任何方式拒绝、阻碍检测工作。

第三章　取　　样

第十八条　取样是指在税务行政执法人员的监督下，由税务机关委托的检测机构，按照有关规定对检测样品进行获取和封装，形成合格检测样品的过程。

取样包括检测样品获取、封装、核验确认等环节。

第十九条　检测样品的获取和封装应当由检测组负责实施，不得由受检单位代为实施。

对生产装置能够产出不同产品的，可根据实际情况，增加取样样品种类。

检测样品获取和封装应当按照有关国家规定和标准实施。

第二十条　检测组至少应当包含 2 名具有税务执法资格的人员。取样前，主动向受检单位表明身份，并出示执法证件、执法文书，告知受检单位执法事由、执法依据、权利义务等内容。

第二十一条　受检单位应当明确现场负责人，配合检测组进行取样，并如实回答检测组询问和提供有关证明材料。

必要时，检测组可以询问与检测事项有关的其他单位和个人，要求其对与检测事项有关问题作出说明、提供有关证明材料。有关单位和个人应当配合。

第二十二条　取样应当做好文字和音像记录，记录应当及时、准确、完整、有效，客观真实反映取样情况。

第二十三条　检测组应当对获取和封装的样品进行核验，检查记录样品的外观、状态、封条有无破损以及其他可能对检测结论产生影响的情形。

第二十四条　检测组发现检测样品不满足检测要求的，应当重新进行取样。

第二十五条　封装的样品一式两份，样品名称应当与受检单位的生产存储记录保持一致。

第二十六条　有下列情形之一，检测组应当中止取样，如实记录有关情况，并立即报告组织检测的税务机关，待情形消除后，重新启动取样：

（一）发现取样人员与受检单位工作人员存在应当回避情形的；

（二）发现受检单位替换检测样品的；

（三）其他可能影响取样工作开展情形的。

第二十七条　取样中遇有重大问题，检测组应当及时向组织检测的税务机关报告。

需要中止、取消取样或调整取样人员的，检测组应当报组织检测的税务机关批准。

第二十八条　受检单位对已核验的样品进行确认，由检测组、检测机构、受检单位在样品上签封，并在产品取样确认书上签字确认，一份作为检测样品，一份作为备份样品。

第二十九条　检测样品由检测机构用于检测，备份样品由检测机构负责保存。

第三十条　备份样品保存期限一般为三个月，如有特殊情况可以按照检测组、受检单位约定时间保存。

第三十一条　在取样过程中，受检单位存在隐瞒情况、弄虚作假、阻碍或者不配合取样等情形的，视为拒检行为。

第四章　检　　测

第三十二条　检测是指检测机构根据成品油涉税产品的国家或行业标准中规定的检测项目和方法，按照相关操作规范，对样品进行检验检测并形成检测结论的过程。

第三十三条　对在运输、贮存过程有特殊要求的样品，检测机构应当采取有效措施，保证样品的运输、贮存过程符合有关规定，不发生影响检测结论的变化。

第三十四条　收到样品后，检测机构应当通过拍照或者录像的方式检查记录样品，检查样品签封是否完好、是否存在被替换的情况。

检测机构发现样品存在被替换、破坏以及性质发生变化等情况，导致检测工作无法进行的，应当如实记录，留存相关证明材料，及时向组织检测的税务机关报告。

第三十五条　检测机构应当加强对检测全流程的管理，确保检测内容真实齐全、数据准确、结论明确。

第三十六条　检测机构出具的检测报告，应

当按照有关规定签字、盖章后，提供给组织检测的税务机关。

第三十七条　检测机构未经组织检测的税务机关同意，不得将检测报告和检测情况提供给受检单位及其他单位和个人。

第三十八条　组织检测的税务机关应当在收到检测报告10个工作日内将检测结论书面告知受检单位。

第五章　复　　检

第三十九条　受检单位对检测结论有异议的，可以自收到检测结论之日起10个工作日内，向组织检测的税务机关提出书面复检申请。

第四十条　有下列情形之一，不予受理复检申请：

（一）逾期提出复检申请的；

（二）备份样品不满足检测条件的；

（三）备份样品超过保存期限的；

（四）其他原因导致备份样品无法复检的。

第四十一条　组织检测的税务机关应当在收到书面复检申请之日起10个工作日内，做出是否进行复检的决定，并书面告知受检单位。不予受理的，应当书面说明理由。

第四十二条　组织检测的税务机关应当遵循便捷高效原则，选取符合条件的检测机构进行复检。

复检可由原检测机构继续进行检测，也可由组织检测的税务机关选择其他符合条件的检测机构进行检测。

第四十三条　如更换检测机构，初检机构应当自复检机构确定后5个工作日内，将备份样品移交至复检机构。因客观原因不能按时移交的，经组织检测的税务机关同意，可以延长5个工作日。

复检样品的递送方式由组织检测的税务机关、初检机构和复检机构协商确定。不得由受检单位进行递送或承担递送费用。

第四十四条　复检机构应当通过拍照和录像的方式检查记录接收的备份样品的外观、状态、封条有无破损以及其他可能对检验结论产生影响的情形。

复检机构发现备份样品存在被替换、破坏以及性质发生变化等情况，导致检测工作无法进行的，应当如实记录，留存相关证明材料，及时向组织检测的税务机关报告。

第四十五条　备份样品无法进行复检，应当终止复检，并以初检结论作为最终结论。

第四十六条　复检机构应当按照组织检测的税务机关有关要求进行复检。

第四十七条　复检机构出具的复检报告，应当按照有关规定签字、盖章后，提供给组织检测的税务机关。未经组织检测的税务机关同意，复检机构不得将复检报告和检测情况提供给受检单位及其他单位和个人。

第四十八条　复检结论为最终结论。组织检测的税务机关应当在收到复检报告10个工作日内，将复检结论书面告知受检单位。

第四十九条　复检费用由申请人向复检机构先行支付。复检结论与初检结论一致的，复检费用由申请人承担；与初检结论不一致的，复检费用由组织检测的税务机关承担。

第六章　处　　理

第五十条　检测组应当在检测结束时形成书面检测报告，报组织检测的税务机关，并移交相关材料，按照有关档案管理办法进行保管。

第五十一条　组织检测的税务机关收到书面检测报告后，应当结合检测结论，根据相关税收法律法规，综合判定对受检单位生产经营的成品油涉税产品的处理意见，并将涉税处理意见书面告知受检单位。

第五十二条　受检单位收到税务机关书面涉税处理意见后，应当按照有关规定办理税款缴纳等涉税事宜。

第五十三条　受检单位对税务机关作出的涉税处理决定存在异议的，依法依规享有申请行政复议、提起行政诉讼的权利。

第五十四条　受检单位存在拒检行为或无正当理由拒不认可检测结论的，税务机关按照《中华人民共和国税收征收管理法》及相关规定进行处理和处罚。

第五十五条　检测过程中发现企业存在重大偷逃税风险的，组织检测的税务机关应当移交税务稽查部门进行查处。

第五十六条　受检单位存在拒检行为或无正当理由拒不认可检测结论的，税务机关按照纳税信用管理相关规定处理。

第五十七条　受检单位拒检的成品油涉税产品，由税务机关根据企业生产工艺流程、产品销售流向等情况，直接判定其生产销售的产品的性质。经判定属于成品油消费税征税范围的，受检单位应当按照现行政策规定缴纳消费税。

第五十八条　检测机构及其工作人员违反本办法相关规定的，组织检测的税务机关应当将有关情况移送相关行业主管部门，依法依规进行处理；涉嫌构成犯罪的，需要依法追究刑事责任的，按照有关规定移送有关部门。

第七章　附　　则

第五十九条　本办法由国家税务总局负责解释。

第六十条　本办法自发布之日起施行。

政策解读

关于《国家税务总局关于发布〈成品油涉税产品检测管理暂行办法〉的公告》的解读

为规范成品油涉税产品检测工作，税务总局制发了《国家税务总局关于发布〈成品油涉税产品检测管理暂行办法〉的公告》（以下简称《公告》）。现解读如下：

一、发布《公告》的主要背景

石化行业专业性强，石化产品种类繁多，部分产品性质接近，准确辨别和区分应税产品和非应税产品，是征纳双方共同执行好成品油消费税政策的重要前提。因此，税务部门在开展成品油行业税收监管时，需要对税企双方存在争议和涉税风险的产品进行检测，来确定产品的种类和性质。为规范成品油涉税产品检测工作，税务总局研究制定了《成品油涉税产品检测管理暂行办法》，对检测主体、检测范围、检测流程和结果运用等问题予以明确，以利于规范成品油市场秩序，促进成品油行业持续健康发展。

二、成品油涉税产品检测的实施主体是谁?

成品油涉税产品检测工作由税务机关组织实施，经商发改、财政、市场监管等相关部门同意后，也可联合开展检测工作。同时，税务机关可以聘请符合条件的第三方检测机构（以下简称检测机构）和专业人员协助开展检测，检测机构应当具有市场监管总局检验检测机构资质认定（CMA 认定）和中国合格评定国家认可委员会认可（CNAS 认可），并具备相应的成品油涉税产品检测能力。

三、成品油涉税产品检测的范围是什么?

从受检对象看，既包括成品油生产企业，也包括成品油经销企业、仓储企业和成品油涉税产品使用企业。从受检产品看，包括以原油或其他原料加工生产的，可能属于成品油消费税征收范围的各类产品，包括原料、中间产品、产成品、下脚料、废料等。此外，税务机关在必要时可一并对企业生产装置和工艺流程进行核查。

四、受检单位出现拒检行为将承担什么后果?

受检单位如果存在隐瞒情况、弄虚作假、阻碍或者不配合取样等情形的，将被视为拒检行为。受检单位存在拒检行为或无正当理由拒不认可检测结论的，税务机关将按照《中华人民共和国税收征收管理法》及相关规定进行处理和处罚，并按照纳税信用管理相关规定进行处理。

五、受检单位对检测结论持有异议的可以进行复检吗?

受检单位对检测结论有异议的，可以自收到检测结论之日起10个工作日内，提出书面复检申请。组织检测的税务机关应当在收到书面复检申请之日起10个工作日内，做出是否进行复检的决定。复检既可由原检测机构继续进行检测，也可由组织检测的税务机关选择其他符合条件的检测机构进行检测，复检结论为最终结论。

六、成品油涉税产品检测费用由谁负担?

成品油涉税产品初检所需费用，由组织检测的税务机关承担。复检所需费用，由申请人向复检机构先行支付，如果复检结论与初检结论一致，复检费用由申请人承担；如果与初检结论不一致，复检费用由组织检测的税务机关承担。

七、纳税人收到涉税处理意见后承担哪些权利和义务?

组织检测的税务机关将结合检测结论，根据相关税收法律法规，综合判定对受检单位生产经营的成品油涉税产品的处理意见。受检单位拒检的成品油涉税产品，由税务机关根据企业生产工艺流程、产品销售流向等情况，直接判定是否应当缴纳消费税。受检单位收到税务部门书面意见后，应当按照有关规定办理税款缴纳等涉税事宜，如果对税务机关作出的涉税处理决定存在异议的，依法依规享有申请行政复议、提起行政诉讼的权利。

国家税务总局关于公布废止和修改的部分税务部门规章及规范性文件目录的决定

2025年3月24日　国家税务总局令第59号

《国家税务总局关于公布废止和修改的部分税务部门规章及规范性文件目录的决定》，已经2025年3月12日国家税务总局2025年第2次局务会议审议通过，现予公布，自公布之日起施行。

国家税务总局局长：胡静林

2025年3月24日

国家税务总局关于公布废止和修改的部分税务部门规章及规范性文件目录的决定

根据《规章制定程序条例》《税务规范性文件制定管理办法》有关规定，国家税务总局对税务部门规章及税务规范性文件进行了清理。经清理，国家税务总局决定：

一、对3件税务部门规章予以废止。

二、对68件税务规范性文件予以废止。

三、对19件税务规范性文件的部分条款予以废止和修改。

本决定自公布之日起施行。

附件：1. 全文废止的税务部门规章目录

2. 全文废止的税务规范性文件目录

3. 部分条款废止和修改的税务规范性文件目录

附件1

全文废止的税务部门规章目录

序号	制定机关	名称	文号	公布日期
1	国家税务局 国家体改委	股份制试点企业有关税收问题的暂行规定	国税发〔1992〕137号公布，国家税务总局令第23号修改	1992年6月12日
2	国家税务总局	增值税日常稽查办法	国税发〔1998〕44号公布	1998年3月26日
3	国家税务总局	网络发票管理办法	国家税务总局令第30号公布，第44号修改	2013年2月25日

附件2

全文废止的税务规范性文件目录

序号	标题	文号	发布日期
1	财政部海洋石油税务局关于执行中英税收协定若干问题的复函	（85）财税油政字第16号	1985年9月21日
2	财政部税务总局关于执行我国和新西兰避免双重征税协定若干条文解释的通知	（87）财税协字第015号	1987年6月30日
3	财政部海洋石油税务局关于对方缔约国的工程承包公司或出租公司派遣来华人员的雇主判定问题的批复	（87）财税油政字第28号	1987年12月17日
4	财政部海洋石油税务局关于判定在华工作的外籍人员雇主问题的批复	（88）财税油政字第1号	1988年1月7日

（续表）

序号	标题	文号	发布日期
5	财政部海洋石油税务局关于外籍来华工作不足一个月而取得的全月工资、薪金如何征税问题的批复	（88）财税油政字第 17 号	1988 年 6 月 26 日
6	国家税务局关于对司法部所属的劳改劳教单位征免土地使用税问题的规定	（89）国税地字第 119 号	1989 年 11 月 10 日
7	国家税务局关于外单位使用铁道部所属单位的房地缴纳土地使用税问题的通知	国税函发〔1990〕924 号	1990 年 7 月 28 日
8	国家税务总局关于印发国际海运税收问题一览表的通知	国税函发〔1994〕237 号	1994 年 5 月 31 日
9	国家税务总局关于痱子粉、爽身粉不征消费税问题的通知	国税发〔1994〕142 号	1994 年 6 月 9 日
10	国家税务总局转发《最高人民法院关于适用〈全国人民代表大会常务委员会关于惩治虚开、伪造和非法出售增值税专用发票犯罪的决定〉的若干问题的解释》的通知	国税发〔1996〕210 号	1996 年 11 月 15 日
11	国家税务总局关于外国企业常驻代表机构是否构成税收协定所述常设机构问题的解释的通知	国税函〔1999〕607 号	1999 年 9 月 13 日
12	国家税务总局办公厅关于印发《税务代理机构脱钩改制验收标准》的通知	国税办发〔1999〕48 号	1999 年 12 月 22 日
13	国家税务总局关于蚌埠市公路机械化工程处纳税问题的批复	国税函〔2000〕76 号	2000 年 1 月 31 日
14	国家税务总局关于开展税务代理机构脱钩改制检查验收工作的通知	国税函〔2000〕241 号	2000 年 4 月 13 日
15	国家税务总局关于中央各部门机关后勤体制改革有关税收政策具体问题的通知	国税发〔2002〕32 号	2002 年 4 月 23 日
16	国家税务总局关于印发《全国税务稽查人才库管理暂行办法》的通知	国税函〔2002〕401 号	2002 年 5 月 13 日
17	国家税务总局关于青藏铁路建设期间有关已缴税金退税问题的通知	国税函〔2003〕1387 号	2003 年 12 月 26 日
18	国家税务总局关于开展代扣代收代征税款手续费清理整顿工作的通知	国税函〔2004〕144 号	2004 年 1 月 29 日
19	国家税务总局关于推行纳税信息“一户式”管理工作的通知	国税函〔2004〕529 号	2004 年 4 月 29 日
20	国家税务总局关于取消为纳税人提供增值税专用发票开票服务的中介机构资格审批后有关问题的通知	国税函〔2004〕822 号	2004 年 6 月 25 日

（续表）

序号	标题	文号	发布日期
21	国家税务总局关于做好建立收支凭证粘贴簿和进货销货登记簿工作有关问题的通知	国税函〔2004〕984号	2004年8月20日
22	国家税务总局关于加强税收违法检举案件管理信息系统管理工作的通知	国税发〔2004〕167号	2004年12月31日
23	国家税务总局关于使用增值税专用发票信息审核出口退税有关问题的补充通知	国税函〔2004〕862号	2004年6月30日
24	国家税务总局关于加强增值税一般纳税人开具普通发票管理，实施“一机多票”制有关问题的通知	国税发明电〔2005〕35号	2005年8月18日
25	国家税务总局关于印发增值税纳税评估部分方法及行业纳税评估指标的通知	国税函〔2005〕1205号	2005年12月20日
26	国家税务总局关于税控收款机税控IC卡灌装、初始化及异常处理工作流程的公告	国家税务总局公告 2005年第2号	2005年8月31日
27	国家税务总局关于执行税收协定利息条款有关问题的通知	国税函〔2006〕229号	2006年3月1日
28	国家税务总局关于加强增值税其他抵扣凭证数据采集传输管理有关问题的通知	国税函〔2006〕1244号	2006年12月22日
29	国家税务总局关于调查承担单一生产功能外商投资企业和外国企业纳税情况的通知	国税函〔2007〕236号	2007年2月28日
30	国家税务总局关于做好我国企业境外投资税收服务与管理工作的意见	国税发〔2007〕32号	2007年3月20日
31	国家税务总局关于修改年所得12万元以上个人自行纳税申报表的通知	国税函〔2007〕1087号	2007年11月2日
32	国家税务总局关于印发《个人所得税纳税申报表（适用于年所得12万元以上的纳税人申报）》（中英文对照版）的通知	国税函〔2008〕227号	2008年3月10日
33	国家税务总局关于印发《增值税专用发票审核检查操作规程（试行）》的通知	国税发〔2008〕33号	2008年3月26日
34	国家税务总局关于开展打击制售假发票和非法代开发票专项整治行动有关问题的通知	国税发〔2008〕40号	2008年4月21日
35	国家税务总局关于上海赛孚燃油发展有限公司生产的甲醇汽油征收消费税问题的批复	国税函〔2008〕415号	2008年5月14日
36	国家税务总局关于红字增值税专用发票通知单管理系统推行工作的通知	国税函〔2008〕761号	2008年8月25日

（续表）

序号	标题	文号	发布日期
37	国家税务总局关于开展年所得12万元以上个人所得税自行纳税申报专项检查的通知	国税函〔2008〕861号	2008年10月24日
38	国家税务总局关于转发国家发展和改革委员会等九部门《关于印发规范行业协会、市场中介组织服务和收费行为专项治理工作的实施意见的通知》的通知	国税函〔2008〕989号	2008年12月3日
39	国家税务总局关于下发国家税务总局定点联系企业名单的通知	国税函〔2008〕1064号	2008年12月26日
40	国家税务总局关于认真贯彻落实《国务院办公厅关于印发全国打击发票违法犯罪活动工作方案的通知》的通知	国税发〔2008〕128号	2008年12月29日
41	国家税务总局关于债务重组所得企业所得税处理问题的批复	国税函〔2009〕1号	2009年1月4日
42	国家税务总局关于做好2008年度企业所得税汇算清缴工作的补充通知	国税函〔2009〕134号	2009年3月17日
43	国家税务总局关于印发《非居民企业所得税申报表业务需求》的通知	国税函〔2009〕178号	2009年4月2日
44	国家税务总局办公厅关于下发企业所得税汇算清缴关联业务电子申报软件的通知	国税办发〔2009〕36号	2009年4月9日
45	国家税务总局关于房地产企业开发产品完工标准税务确认条件的批复	国税函〔2009〕342号	2009年6月26日
46	国家税务总局关于印发部分国家（地区）税收居民证明样式的通知	国税函〔2009〕395号	2009年7月24日
47	国家税务总局关于西部大开发企业所得税优惠政策适用目录问题的批复	国税函〔2009〕399号	2009年7月27日
48	国家税务总局关于部分白酒消费税计税价格核定及相关管理事项的通知	国税函〔2009〕416号	2009年8月5日
49	国家税务总局关于下发卷烟批发单位名单的通知	国税函〔2009〕459号	2009年8月24日
50	国家税务总局关于中国石油天然气股份有限公司、中国石油化工股份有限公司缴纳企业所得税问题的通知	国税函〔2009〕573号	2009年10月19日
51	国家税务总局关于上海网球系列赛支付国际职业网球联合会有关费用营业税问题的批复	国税函〔2009〕628号	2009年11月12日
52	国家税务总局关于教育部考试中心及其直属单位与其他单位合作开展考试有关营业税问题的通知	国税函〔2009〕752号	2009年12月23日

（续表）

序号	标题	文号	发布日期
53	国家税务总局关于转发《国家发展改革委关于降低增值税专用发票和防伪税控系统技术维护价格的通知》的通知	国税函〔2009〕343号	2009年6月30日
54	国家税务总局关于印发《研发机构采购国产设备退税管理办法》的通知	国税发〔2010〕9号	2010年1月17日
55	国家税务总局办公厅关于同意尤尼泰税务师事务所有限公司试点有关问题的通知	国税办函〔2010〕219号	2010年4月19日
56	国家税务总局关于加强非居民企业取得我国上市公司股票股息企业所得税管理有关问题的通知	国税函〔2010〕183号	2010年5月6日
57	国家税务总局关于稳定轻烃产品征收消费税问题的批复	国税函〔2010〕205号	2010年5月13日
58	国家税务总局关于取消合并纳税后以前年度尚未弥补亏损有关企业所得税问题的公告	国家税务总局公告2010年第7号	2010年7月30日
59	国家税务总局关于印发中国工商银行股份有限公司等企业所属二级分支机构名单的公告	国家税务总局公告2010年第21号	2010年10月27日
60	国家税务总局关于国家开发银行股份有限公司变更二级分支机构名单的公告	国家税务总局公告2011年第35号	2011年6月17日
61	国家税务总局关于启用货物运输业增值税专用发票的公告	国家税务总局公告2011年第74号	2011年12月15日
62	国家税务总局关于外贸企业出口视同内销货物进项税额抵扣有关问题的公告	国家税务总局公告2012年第21号	2012年5月25日
63	国家税务总局关于中国信达资产管理股份有限公司变更二级分支机构的公告	国家税务总局公告2012年第37号	2012年7月27日
64	国家税务总局关于推行增值税发票系统升级版有关问题的公告	国家税务总局公告2014年第73号	2014年12月29日
65	国家税务总局　交通运输部关于城市公交企业购置公共汽电车辆办理免征车辆购置税手续问题的公告	国家税务总局　交通运输部公告2015年第57号	2015年8月4日
66	国家税务总局关于优化完善增值税发票查询平台功能有关事项的公告	国家税务总局公告2016年第32号	2016年5月27日
67	国家税务总局关于优化完善增值税发票选择确认平台功能及系统维护有关事项的公告	国家税务总局公告2016年第57号	2016年8月29日
68	国家税务总局关于延长2022年7月份增值税留抵退税申请时间的公告	国家税务总局公告2022年第15号	2022年7月8日

附件 3

部分条款废止和修改的税务规范性文件目录

序号	标题	发文字号	发布日期	废止和修改的条款	修改前的内容	修改后的内容
1	财政部税务总局关于执行中泰两国政府对所得避免双重征税和防止偷漏税的协定若干条文解释的通知	（86）财税协字第037号	1986年12月31日	废止第一条	—	—
2	国家税务局关于对煤炭企业用地征免土地使用税问题的规定	（89）国税地字第89号	1989年8月23日	废止第二条中的“煤炭企业的荒山，在未利用之前，暂缓征收土地使用税”	—	—
3	国家税务局关于对矿山企业征免土地使用税问题的通知	（89）国税地字第122号	1989年11月10日	废止第二条中的“以及荒山占地”	—	—
4	国家税务总局关于进一步加强城镇土地使用税和土地增值税征收管理工作的通知	国税发〔2004〕100号	2004年8月5日	废止第二条中的“除经批准开发建设经济适用房的用地外，对各类房地产开发用地一律不得减免城镇土地使用税”	—	—

（续表）

序号	标题	发文字号	发布日期	废止和修改的条款	修改前的内容	修改后的内容
5	国家税务总局　外交部关于驻外使领馆工作人员离任回国进境自用车辆缴纳车辆购置税有关问题的通知	国税发〔2005〕180 号	2005 年 11 月 9 日	修改第六条	六、国家税务总局每年初定期将上年度馆员名单在总局服务器 FTP：//CENTRE/流转税司 / 消费税处 / 车购税 / 驻外使领馆回国人员名单上公布，请各省、区、市税务局及时将本地区人员名单下载，作为事后检查的核对资料。	六、国家税务总局按照外交部提供的相关信息下发馆员名单作为事后核对材料。
6	国家税务总局关于中国网通（集团）有限公司赞助奥运会有关税收问题的通知	国税发〔2006〕13 号	2006 年 1 月 24 日	废止第二条	—	—
7	国家税务总局关于搜狐公司赞助第 29 届奥林匹克运动会有关税收问题的通知	国税函〔2006〕771 号	2006 年 8 月 15 日	废止第二条	—	—
8	国家税务总局关于实施国家重点扶持的公共基础设施项目企业所得税优惠问题的通知	国税发〔2009〕80 号	2009 年 4 月 16 日	废止第八条、第十条、第十一条	—	—
9	国家税务总局关于企业所得税执行中若干税务处理问题的通知	国税函〔2009〕202 号	2009 年 4 月 21 日	废止第三条	—	—

（续表）

序号	标题	发文字号	发布日期	废止和修改的条款	修改前的内容	修改后的内容
10	国家税务总局关于跨地区经营建筑企业所得税征收管理问题的通知	国税函〔2010〕156号	2010年4月19日	修改条款	一是文中所有的“《国家税务总局关于印发〈跨地区经营汇总纳税企业所得税征收管理暂行办法〉的通知》（国税发〔2008〕28号）”和“国税发〔2008〕28号”相关表述； 二是第五条“五、建筑企业总机构应按照有关规定办理企业所得税年度汇算清缴，各分支机构和项目部不进行汇算清缴。总机构年终汇算清缴后应纳所得税额小于已预缴的税款时，由总机构主管税务机关办理退税或抵扣以后年度的应缴企业所得税”。	一是将《国家税务总局关于印发〈跨地区经营汇总纳税企业所得税征收管理暂行办法〉的通知》（国税发〔2008〕28号）修改为《国家税务总局关于印发〈跨地区经营汇总纳税企业所得税征收管理办法〉的公告》（2012年第57号）；将国税发〔2008〕28号修改为“57号公告”。 二是将第五条修改为：五、建筑企业总机构应按照有关规定办理企业所得税年度汇算清缴，各分支机构和项目部不进行汇算清缴。总机构年终汇算清缴后应纳所得税额小于已预缴的税款时，由总、分机构主管税务机关按照57号公告有关规定办理退税，不再抵缴其下一年度应缴企业所得税税款。
11	国家税务总局关于人保投资控股有限公司相关税收问题的公告	国家税务总局公告2011年第70号	2011年12月2日	修改第五条	五、人保投资控股有限公司**（省、自治区、直辖市和计划单列市）资产管理部**县（市、区）申报办理税务登记后，发票使用量大、需自行开具的，可向主管税务机关办理发票领购手续；发票使用量小的，可向主管税务机关申请代开。各省、自治区、直辖市和计划单列市税务机关可以规定跨县（市、区）开具发票的办法。	五、人保投资控股有限公司**（省、自治区、直辖市和计划单列市）资产管理部**县（市、区）申报办理税务登记后，发票使用量大、需自行开具的，可向主管税务机关办理发票领用手续；发票使用量小的，可向主管税务机关申请代开。各省、自治区、直辖市和计划单列市税务机关可以规定跨县（市、区）开具发票的办法。

（续表）

序号	标题	发文字号	发布日期	废止和修改的条款	修改前的内容	修改后的内容
12	国家税务总局关于发布《税务稽查执法文书式样》的公告	国家税务总局公告2012年第2号	2012年1月4日	修改附件	一、《检举税收违法行为记录单》使用说明中“1.《检举税收违法行为记录单》依据《税务稽查工作规程》（国家税务总局国税发〔2009〕157号）第十七条和《税收违法行为检举管理办法》（国家税务总局令第24号）第十一条设置。” 二、《×××税务局稽查局检举税收违法行为受理回执》使用说明“1.《检举税收违法行为受理回执》依据《税收违法行为检举管理办法》（国家税务总局令第24号）第十条设置。”“3.检举人使用与其工商营业执照、居民身份证等符合法律、行政法规有关规定的身份证件上一致的名称、姓名检举的，为实名检举；否则为匿名检举。” 三、《×××税务局（稽查局）提取证据专用收据》使用说明“1.《提取证据专用收据》依据《中华人民共和国行政处罚法》第三十七条和《税务稽查工作规程》（国家税务总局国税发〔2009〕157号）第二十六条设置。” 四、《×××税务局（稽查局）勘验笔录》使用说明“1.《勘验笔录》依据《税务稽查工作规程》（国家税务总局国税发〔2009〕157号）第三十一条设置。”	一、《检举税收违法行为记录单》使用说明“1.《检举税收违法行为记录单》依据《税收违法行为检举管理办法》（国家税务总局令第49号）第十一条设置。” 二、《×××税务局稽查局检举税收违法行为受理回执》使用说明“1.《检举税收违法行为受理回执》依据《税收违法行为检举管理办法》（国家税务总局令第49号）第十三条设置。”“3.检举人使用与其营业执照、居民身份证等符合法律、行政法规有关规定的身份证件上一致的名称、姓名检举的，为实名检举；否则为匿名检举。” 三、《×××税务局（稽查局）提取证据专用收据》使用说明“1.《提取证据专用收据》依据《中华人民共和国行政处罚法》第五十六条和《税务稽查案件办理程序规定》（国家税务总局令第52号）第十九条设置。” 四、《×××税务局（稽查局）勘验笔录》使用说明“1.《勘验笔录》依据《税务稽查案件办理程序规定》（国家税务总局令第52号）第二十四条设置。”

（续表）

序号	标题	发文字号	发布日期	废止和修改的条款	修改前的内容	修改后的内容
12	国家税务总局关于发布《税务稽查执法文书式样》的公告	国家税务总局公告2012年第2号	2012年1月4日	修改附件	五、《税务稽查工作底稿（一）》《税务稽查工作底稿（二）》使用说明“1.《税务稽查工作底稿》依据《中华人民共和国税收征收管理法》第五十八条和《税务稽查工作规程》（国家税务总局国税发〔2009〕157号）第四十条设置。” 六、《×××税务局涉嫌犯罪案件移送书》使用说明“1.《涉嫌犯罪案件移送书》依据《中华人民共和国税收征收管理法》第七十七条、《行政执法机关移送涉嫌犯罪案件的规定》（国务院令第310号）、《税务稽查工作规程》（国家税务总局国税发〔2009〕157号）第六十条设置。” 七、《涉嫌犯罪案件情况调查报告》使用说明“1.《涉嫌犯罪案件情况调查报告》依据《中华人民共和国税收征收管理法》第七十七条、《行政执法机关移送涉嫌犯罪案件的规定》（国务院令第310号）、《税务稽查工作规程》（国家税务总局国税发〔2009〕157号）第六十条设置。” 八、《×××税务局（稽查局）暂缓或者分期缴纳罚款通知书》使用说明“1.《暂缓或者分期缴纳罚款通知书》依据《中华人民共和国行政处罚法》第五十二条设置。”	五、《税务稽查工作底稿（一）》《税务稽查工作底稿（二）》使用说明“1.《税务稽查工作底稿》依据《中华人民共和国税收征收管理法》第五十八条设置。” 六、《×××税务局涉嫌犯罪案件移送书》使用说明“1.《涉嫌犯罪案件移送书》依据《中华人民共和国税收征收管理法》第七十七条、《行政执法机关移送涉嫌犯罪案件的规定》、《税务稽查案件办理程序规定》（国家税务总局令第52号）第四十八条设置。” 七、《涉嫌犯罪案件情况调查报告》使用说明“1.《涉嫌犯罪案件情况调查报告》依据《中华人民共和国税收征收管理法》第七十七条、《行政执法机关移送涉嫌犯罪案件的规定》、《税务稽查案件办理程序规定》（国家税务总局令第52号）第四十八条设置。” 八、《×××税务局（稽查局）暂缓或者分期缴纳罚款通知书》使用说明“1.《暂缓或者分期缴纳罚款通知书》依据《中华人民共和国行政处罚法》第六十六条设置。”

（续表）

序号	标题	发文字号	发布日期	废止和修改的条款	修改前的内容	修改后的内容
13	国家税务总局关于中国银行股份有限公司等4家企业二级分支机构名单的公告	国家税务总局公告2013年第16号	2013年4月15日	修改条款，废止附件	根据《国家税务总局关于中国工商银行股份有限公司等企业企业所得税有关征管问题的通知》（国税函〔2010〕184号）规定，现将中国银行股份有限公司、中国进出口银行、中国农业发展银行、中国建银投资有限责任公司所属二级分支机构名单予以公布。上述4家企业新成立的二级分支机构自成立之日起纳入所属企业的二级分支机构管理，相关涉及企业所得税事宜按国税函〔2010〕184号文件规定办理。 附件：中国银行股份有限公司所属二级分支机构名单	根据《国家税务总局关于中国工商银行股份有限公司等企业企业所得税有关征管问题的通知》（国税函〔2010〕184号）规定，中国银行股份有限公司、中国进出口银行、中国农业发展银行、中国建银投资有限责任公司4家企业新成立的二级分支机构自成立之日起纳入所属企业的二级分支机构管理，相关涉及企业所得税事宜按国税函〔2010〕184号文件规定办理。
14	国家税务总局关于中国华融资产管理股份有限公司和中国东方资产管理公司企业所得税征管问题的公告	国家税务总局公告2013年第38号	2013年7月9日	废止第三条和附件	—	—
15	国家税务总局关于中国长城资产管理公司企业所得税征管问题的公告	国家税务总局公告2013年第57号	2013年9月29日	废止第三条和附件	—	—

（续表）

序号	标题	发文字号	发布日期	废止和修改的条款	修改前的内容	修改后的内容
16	国家税务总局关于中国邮政集团公司企业所得税征管问题的公告	国家税务总局公告2013年第58号	2013年9月30日	修改第一条、第二条、第四条；废止附件1、附件2	一、中国邮政集团公司控股的各省邮政公司和中国邮政速递物流股份有限公司下属各省速递物流公司，是具有独立法人资格的子公司，这些子公司下属的二级及以下分支机构的企业所得税，由这些子公司汇总申报并计算缴纳企业所得税，不就地预缴。二级分支机构的名单，由企业提供，省税务机关予以公布确认。以前对中国邮政集团公司控股的各省级邮政公司二级分支机构名单没有确认的，给予补充确认。 二、中国邮政集团公司控股的中国邮政储蓄银行股份有限公司、中邮人寿保险股份有限公司企业所得税管理，应按国税函〔2010〕184号第一条规定执行。两家公司的下属二级分支机构名单（见附件）现予以公布。两家公司的下属二级（不含）以下分支机构名单，由二级分支机构向所在地主管税务机关提供，经所在地省税务机关审核后公布确认。 四、中国邮政集团公司控股的上述公司二级分支机构名单，国家税务总局或各省税务机关首次确认后，企业今后增加的二级分支机构，由企业出具说明文件，并提供工商部门出具的二级分支机构营业执照后，在报送企业所得税预缴申报表时，附送二级分支机构所在地主	一、中国邮政集团公司控股的各省邮政公司和中国邮政速递物流股份有限公司下属各省速递物流公司，是具有独立法人资格的子公司，这些子公司下属的二级及以下分支机构的企业所得税，由这些子公司汇总申报并计算缴纳企业所得税，不就地预缴。 二、中国邮政集团公司控股的中国邮政储蓄银行股份有限公司、中邮人寿保险股份有限公司企业所得税管理，应按国税函〔2010〕184号第一条规定执行。

（续表）

序号	标题	发文字号	发布日期	废止和修改的条款	修改前的内容	修改后的内容
16	国家税务总局关于中国邮政集团公司企业所得税征管问题的公告	国家税务总局公告2013年第58号	2013年9月30日	修改第一条、第二条、第四条；废止附件1、附件2	管税务机关备案即可，不再另行发文公布。新增加的二级分支机构，应在设立当年，由总机构统一进行企业所得税预缴和汇算清缴。 中国邮政集团公司控股的上述公司二级（不含）以下分支机构名单，各省税务机关首次确认后，企业今后增加的二级（不含）以下分支机构，在报送企业所得税预缴申报表时，将有关情况附送二级分支机构主管税务机关备案即可。 附件：1. 中国邮政储蓄银行股份有限公司所属二级分支机构名单 2. 中邮人寿保险股份有限公司所属二级分支机构名单	四、中国邮政集团公司控股新增加的二级分支机构，应在设立当年，由总机构统一进行企业所得税预缴和汇算清缴。
17	国家税务总局关于商业零售企业存货损失税前扣除问题的公告	国家税务总局公告2014年第3号	2014年1月10日	1. 废止第一条中的“然后再将汇总数据以清单的形式进行企业所得税纳税申报，同时出具损失情况分析报告”； 2. 废止第二条中的“应当以专项申报形式进行企业所得税纳税申报”； 3. 废止第三条。	—	—

（续表）

序号	标题	发文字号	发布日期	废止和修改的条款	修改前的内容	修改后的内容
18	国家税务总局关于企业因国务院决定事项形成的资产损失税前扣除问题的公告	国家税务总局公告2014年第18号	2014年3月17日	废止第二条	—	—
19	国家税务总局关于部分税务证明事项实行告知承诺制 进一步优化纳税服务的公告	国家税务总局公告2021年第21号	2021年6月30日	修改附件	一、附件1 实行告知承诺制的税务证明事项目录 （一）序号1证明名称：出生医学证明、户口簿、结婚证（已婚的提供）等家庭成员信息证明 证明用途：1. 个人购买家庭唯一住房、第二套改善性住房，申报享受减征契税政策。 （二）序号2 证明名称：家庭住房情况书面查询结果 证明用途：1. 个人购买家庭唯一住房、第二套改善性住房，申报享受减征契税政策。 （三）序号3 证明名称：县级以上人民政府教育行政主管部门或劳动行政主管部门批准并核发的办学许可证 证明用途：企业事业组织、社会团体及其他社会组织和公民个人利用非国家财政性教育经费面向社会举办的教育机构，其承受土地、房屋权属用于教学的，申报享受免征契税政策。 二、附件2 告知承诺书格式文本 （一）“税务证明事项告知承诺书	一、附件1 实行告知承诺制的税务证明事项目录 （一）序号1证明名称：出生医学证明、户口簿、结婚证（已婚的提供）等家庭成员 信息证明 证明用途：1. 个人购买家庭唯一住房、第二套住房，申报享受减征契税政策。 （二）序号2 证明名称：家庭住房情况书面查询结果 证明用途：1. 个人购买家庭唯一住房、第二套住房，申报享受减征契税政策。 （三）序号3 证明名称：办学许可证 证明用途：非营利性的学校承受土地、房屋权属用于办公、教学、科研的，申报享受免征契税政策。 二、附件2 告知承诺书格式文本 （一）“税务证明事项告知承诺书

（续表）

序号	标题	发文字号	发布日期	废止和修改的条款	修改前的内容	修改后的内容
19	国家税务总局关于部分税务证明事项实行告知承诺制 进一步优化纳税服务的公告	国家税务总局公告2021年第21号	2021年6月30日	修改附件	（适用于对申报享受减征契税政策需提供的‘家庭成员信息证明’‘家庭住房情况书面查询结果’实行告知承诺制） 一、税务机关告知事项 （一）证明义务及证明内容：个人购买家庭唯一住房、第二套改善性住房，…… 二、纳税人承诺 …… （二）（□对家庭住房情况进行承诺填写该项）本人现购买位于 房产作为家庭住房，符合如下条件（请选择）： □个人购买家庭（成员范围包括购房人、配偶以及未成年子女，下同）唯一住房，面积为90平方米及以下； □个人购买家庭唯一住房，面积为90平方米以上； □个人购买家庭第二套住房，面积为90平方米及以下； □个人购买家庭第二套住房，面积为90平方米以上； ……” （二）“税务证明事项告知承诺书（适用于对申报享受免征契税政策需提供的‘办学许可证’实行告知承诺制）	（适用于对申报享受减征契税政策需提供的‘家庭成员信息证明’‘家庭住房情况书面查询结果’实行告知承诺制） 一、税务机关告知事项 （一）证明义务及证明内容：个人购买家庭唯一住房、第二套住房，…… 二、纳税人承诺 …… （二）（□对家庭住房情况进行承诺填写该项）本人现购买位于 房产作为家庭住房，符合如下条件（请选择）： □个人购买家庭（成员范围包括购房人、配偶以及未成年子女，下同）唯一住房，面积为140平方米及以下； □个人购买家庭唯一住房，面积为140平方米以上； □个人购买家庭第二套住房，面积为140平方米及以下； □个人购买家庭第二套住房，面积为140平方米以上； ……” （二）“税务证明事项告知承诺书（适用于对申报享受免征契税政策需提供的‘办学许可证’实行告知承诺制）

（续表）

序号	标题	发文字号	发布日期	废止和修改的条款	修改前的内容	修改后的内容
19	国家税务总局关于部分税务证明事项实行告知承诺制 进一步优化纳税服务的公告	国家税务总局公告2021年第21号	2021年6月30日	修改附件	一、税务机关告知事项 （一）证明义务及证明内容：纳税人利用非国家财政性教育经费面向社会举办的教育机构，其承受土地、房屋权属用于教学的，申报享受免征契税政策时，根据《中华人民共和国税收征收管理法》及其实施细则等法律法规规定，需提供县级以上人民政府教育行政主管部门或劳动行政主管部门批准并核发的办学许可证，证明纳税人具有社会力量办学资质。 二、纳税人承诺 本单位（个人）就办理申报享受免征契税政策事项，作出以下承诺： （一）本单位（个人）……将于 年 月 日（承诺之日起6个月内）前取得县级以上人民政府教育行政主管部门或劳动行政主管部门批准并核发的办学许可证，并提交税务机关。 ……”	一、税务机关告知事项 （一）证明义务及证明内容：非营利性的学校承受土地、房屋权属用于办公、教学、科研的，申报享受免征契税政策时，根据《中华人民共和国税收征收管理法》及其实施细则等法律法规规定，需提供办学许可证，证明纳税人具有办学资质。 二、纳税人承诺 本单位（个人）就办理申报享受免征契税政策事项，作出以下承诺： （一）本单位（个人）……将于 年 月 日（承诺之日起6个月内）前取得办学许可证，并提交税务机关。 ……”

政策解读

关于《国家税务总局关于公布废止和修改的部分税务部门规章及规范性文件目录的决定》的解读

根据《规章制定程序条例》《税务规范性文件制定管理办法》有关规定，国家税务总局对税务部门规章及规范性文件进行了清理，清理结果已经国家税务总局局务会议审议通过。为方便税务行政相对人及时了解掌握，进一步提高税务部门规章及规范性文件制定清理工作的透明度，营造良好的税收营商环境，现制发《国家税务总局关于公布废止和修改的部分税务部门规章及规范性文件目录的决定》（以下简称《决定》）。

《决定》公布全文废止的税务部门规章3件，全文废止的税务规范性文件68件，部分条款废止和修改的税务规范性文件19件。上述税务部门规章及规范性文件制定时间较早，已经不适应税收征管实践或已被新规定替代，决定宣布废止或修改。

国家税务总局　财政部　商务部　海关总署　国家市场监督管理总局关于应征国内环节税货物出口优化服务规范管理有关事项的公告

2025年3月25日　国家税务总局　财政部　商务部　海关总署
国家市场监督管理总局公告2025年第8号

为深入贯彻落实党中央、国务院决策部署，进一步优化营商环境，促进外贸出口高质量发展，现将进一步做好应征国内环节税货物（以下简称应征税货物）出口服务管理有关事项公告如下：

一、纳税人出口应征税货物，应当按照现行有关规定，视同内销货物征收增值税、消费税。

本公告所称应征税货物，是指《财政部　国家税务总局关于出口货物劳务增值税和消费税政策的通知》（财税〔2012〕39号）第七条、第八条等现行规定适用增值税、消费税征税政策的出口货物。

二、纳税人自营出口或委托出口应征税货物申报缴纳增值税、消费税，按内销货物缴纳增值税、消费税的统一规定执行。适用征税政策的具体范围、应纳税额的计算等，按照《财政部　国家税务总局关于出口货物劳务增值税和消费税政策的通知》（财税〔2012〕39号）第七条、第八条等规定执行。

三、出口应征税货物的纳税人，应当在首次发生纳税义务时向税务部门办理登记信息确认等涉税事宜，依照法律、行政法规规定确定的申报期限、申报内容如实办理纳税申报。

纳税人委托出口应征税货物的，委托方应当在货物报关出口之日起至次月的增值税、消费税纳税申报期内，向主管税务机关申请出具《委托出口货物证明》，并将其转交给受托方，受托方持此证明向主管税务机关申请开具《代理出口货物证明》。

四、纳税人出口或委托出口应征税货物的，应当按照规定办理海关手续，规范、完整、准确填写出口报关单。

纳税人向海关申报出口应征税货物前，应当通过电子税务局或者办税服务厅在税务部门完成登记信息确认。未在税务部门完成登记信息确认，或者属于注销、非正常、走逃（失联）等税务异常情形的，需完成相关涉税事宜处理后，再行办理海关手续。

从事货物运输代理、报关、会计、税务等外贸综合服务业务的中介组织及其从业人员，要依法依规开展相关业务。

五、出口应征税货物的纳税人，在向市场监管部门申请注销前，应当向税务部门申请办理税务注销，并凭清税证明向市场监管部门申请注销登记，市场监管部门和税务部门已共享清税信息的，纳税人无需提交纸质清税证明文书。

六、出口应征税货物的纳税人、报关企业、报关人员等主体及相关人员，不得伪造、变造、买卖报关单，不得虚构出口业务、虚报货值、少报货值等。存在伪造、变造、买卖报关单，虚构出口业务、虚报少报货值、逃避缴纳税款等违法行为，或者协助实施上述违法行为的，由各相关部门依职责分工，按照《中华人民共和国税收征收管理法》《中华人民共和国海关行政处罚实施条例》等有关法律法规规定处理；构成犯罪的，依法移送司法机关追究刑事责任。

七、企业出口货物，应当依法计算缴纳企业所得税。

八、本公告未明确的出口应征税货物其他税收管理等事项，继续按照现行规定执行。

九、本公告自印发之日起施行。

特此公告。

政策解读

关于《国家税务总局　财政部　商务部　海关总署　国家市场监督管理总局关于应征国内环节税货物出口优化服务　规范管理有关事项的公告》的解读

国家税务总局会同财政部、商务部、海关总署、国家市场监督管理总局制发了《关于应征国内环节税货物出口优化服务　规范管理有关事项的公告》（以下简称《公告》）。现解读如下：

一、《公告》出台的背景是什么?

为深入贯彻落实党中央、国务院决策部署，进一步优化营商环境，指导和帮助纳税人防范应征国内环节税货物（以下简称应征税货物）出口涉税风险，切实维护外贸出口秩序，税务总局会同财政部、商务部、海关总署、市场监督管理总局制发了《公告》。《公告》通过进一步重申与明确应征税货物出口有关政策及规定，向广大纳税人宣讲政策，服务与引导纳税人规范办理相关出口事项，促进纳税人依法履行相关纳税义务，共同推动外贸出口高质量发展。

二、出口应征税的货物范围包括哪些？

根据《财政部　国家税务总局关于出口货物劳务增值税和消费税政策的通知》（财税〔2012〕39号）第七条第一项、第八条第一项等现行规定，出口适用增值税、消费税征税政策的货物范围具体如下：

（一）适用增值税征税政策的出口货物

1. 出口企业出口或视同出口财政部和国家税务总局根据国务院决定明确的取消出口退（免）税的货物（不包括来料加工复出口货物、中标机电产品、列名原材料、输入特殊区域的水电气、海洋工程结构物）。

2. 出口企业或其他单位销售给特殊区域内的生活消费用品和交通运输工具。

3. 出口企业或其他单位因骗取出口退税被税务机关停止办理增值税退（免）税期间出口的货物。

4. 出口企业或其他单位提供虚假备案单证的货物。

5. 出口企业或其他单位增值税退（免）税凭证有伪造或内容不实的货物。

6. 出口企业或其他单位未在国家税务总局规定期限内申报免税核销以及经主管税务机关审核不予免税核销的出口卷烟。

7. 出口企业或其他单位具有以下情形之一的出口货物劳务：

（1）将空白的出口货物报关单、出口收汇核销单等退（免）税凭证交由除签有委托合同的货代公司、报关行，或由境外进口方指定的货代公司（提供合同约定或者其他相关证明）以外的其他单位或个人使用的。

（2）以自营名义出口，其出口业务实质上是由本企业及其投资的企业以外的单位或个人借该出口企业名义操作完成的。

（3）以自营名义出口，其出口的同一批货物既签订购货合同，又签订代理出口合同（或协议）的。

（4）出口货物在海关验放后，自己或委托货代承运人对该笔货物的海运提单或其他运输单据等上的品名、规格等进行修改，造成出口货物报关单与海运提单或其他运输单据有关内容不符的。

（5）以自营名义出口，但不承担出口货物的质量、收款或退税风险之一的，即出口货物发生质量问题不承担购买方的索赔责任（合同中有约定质量责任承担者除外）；不承担未按期收款导致不能核销的责任（合同中有约定收款责任承担者除外）；不承担因申报出口退（免）税的资料、单证等出现问题造成不退税责任的。

（6）未实质参与出口经营活动、接受并从事由中间人介绍的其他出口业务，但仍以自营名义出口的。

（二）适用消费税征税政策的出口货物

出口企业出口或视同出口适用消费税征税政策的货物，应按规定缴纳消费税，不退还其以前环节已征的消费税，且不允许在内销应税消费品应纳消费税款中抵扣。

三、纳税人出口应征税货物的应纳增值税、消费税税额应当怎样计算？

根据《财政部　国家税务总局关于出口货物劳务增值税和消费税政策的通知》（财税〔2012〕39号）第七条，纳税人自营出口或委托出口应征税货物申报缴纳增值税、消费税，按内销货物缴纳增值税、消费税的统一规定执行，具体如下：

（一）应纳增值税的计算

适用增值税征税政策的出口货物劳务，其应纳增值税按下列办法计算：

1. 一般纳税人出口货物

销项税额 =（出口货物离岸价 − 出口货物耗用的进料加工保税进口料件金额）÷（1+ 适用税率）× 适用税率

出口货物若已按征退税率之差计算不得免征和抵扣税额并已经转入成本的，相应的税额应转回进项税额。

2. 小规模纳税人出口货物

应纳税额 = 出口货物离岸价 ÷（1+ 征收率）× 征收率

（二）应纳消费税的计算

消费税实行从价定率、从量定额，或者从价定率、从量定额复合计税（以下简称复合计税）的办法计算应纳税额。应纳税额计算公式：

实行从价定率办法计算的应纳税额＝销售额×比例税率

实行从量定额办法计算的应纳税额＝销售数量×定额税率

实行复合计税办法计算的应纳税额＝销售额×比例税率＋销售数量×定额税率

四、纳税人出口应征税货物，何时办理税务登记信息确认，需要注意什么事项?

从事应征税货物出口业务的纳税人，和其他纳税人一样，均需办理税务登记信息确认。具体办理时，应当在首次发生纳税义务时，通过全国统一规范电子税务局或者办税服务厅完成税务登记信息确认等相关涉税事宜，并按照法律、行政法规规定确定的申报期限、申报内容如实办理纳税申报。

五、纳税人出口应征税货物，开具委托出口证明和代理出口证明的具体要求以及办理流程是怎样的?

纳税人通过委托方式出口应征税货物的，委托方应该在货物报关出口之日起至次月的增值税、消费税纳税申报期内，凭借委托代理出口协议（复印件）向主管税务机关报送《委托出口货物证明》，主管税务机关审核委托代理出口协议后在《委托出口货物证明》签章。委托方将《委托出口货物证明》转交给受托方，受托方持此证明向主管税务机关申请开具《代理出口货物证明》。

六、纳税人在向海关申报出口应征税货物之前，为什么应先完成税务登记信息确认?

纳税人出口应征税货物，由于其在购进货物或者采购原材料用以生产的环节已经发生了涉税事宜，因此，应当按照税收征收管理法等有关规定，及时向税务部门办理登记信息确认。而其在向海关申请办理出口报关手续，已经发生上述行为，因此，需按规定向税务部门完成登记信息确认等涉税事宜。需要注意的是，《公告》第四条明确，如果纳税人未在税务部门完成登记信息确认，或者属于注销、非正常、走逃（失联）等税务异常情形的，应当到主管税务机关完成相关涉税事宜处理后，再向海关部门办理申报手续。

七、出口应征税货物的纳税人，在向市场监管部门申请注销登记时，需要注意的税务办理事项?

出口应征税货物的纳税人向市场监管部门申请注销，应当先向税务部门申请办理税务注销。税务部门办理完成税务注销后出具清税证明，纳税人凭借清税证明向市场监管部门申请注销登记。为方便纳税人办理相关涉税业务、简化注销流程，如果市场监管部门和税务部门已共享了清税信息，纳税人可不再提交纸质清税证明文书。

八、纳税人出口应征税货物在报关出口环节应当重点注意的事项有哪些?

根据《中华人民共和国税收征收管理法》《中华人民共和国海关行政处罚实施条例》有关条款规定，《公告》重申，出口应征税货物的纳税人、报关企业、报关人员等主体及相关人员，不得伪造、变造、买卖报关单，不得虚构出口业务、虚报货值、少报货值等。如存在上述违法行为，或者协助实施上述违法行为的，由各相关部门依职责分工，按照《中华人民共和国税收征收管理法》《中华人民共和国海关行政处罚实施条例》等有关法律法规规定进行处理；如果违法行为构成犯罪的，依法移送司法机关追究刑事责任。

国家发展改革委等部门关于做好2025年享受税收优惠政策的集成电路企业或项目、软件企业清单制定工作的通知

2025年3月27日　发改高技〔2025〕385号

各省、自治区、直辖市及计划单列市、新疆生产建设兵团发展改革委、工业和信息化主管部门、财政厅（局），海关总署广东分署、各直属海关，国家税务总局各省、自治区、直辖市、计划单列市税务局：

为促进我国集成电路产业和软件产业持续健康发展，根据《国务院关于印发新时期促进集成电路产业和软件产业高质量发展若干政策的通知》（以下简称《若干政策》）和配套政策有关规定，以及《财政部　税务总局　国家发展改革委　工业和信息化部关于提高集成电路和工业母机企业研发费用加计扣除比例的公告》（以下简称《公告》）有关规定，经研究，现就2025年享受税收优惠政策的集成电路企业或项目、软件企业清单（以下简称“清单”）制定工作有关事项通知如下。

一、本通知所称清单是指《若干政策》第（一）条提及的国家鼓励的集成电路线宽小于28纳米（含）、线宽小于65纳米（含）、线宽小于130纳米（含）的集成电路生产企业或项目的清单；《若干政策》第（三）、（六）、（七）、（八）条和《财政部、海关总署、税务总局关于支持集成电路产业和软件产业发展进口税收政策的通知》（财关税〔2021〕4号）、《财政部　国家发展改革委　工业和信息化部　海关总署　税务总局关于支持集成电路产业和软件产业发展进口税收政策管理办法的通知》（财关税〔2021〕5号）提及的国家鼓励的重点集成电路设计企业和软件企业，集成电路线宽小于65纳米（含）的逻辑电路、存储器生产企业，线宽小于0.25微米（含）的特色工艺集成电路生产企业，集成电路线宽小于0.5微米（含）的化合物集成电路生产企业和先进封装测试企业，集成电路产业的关键原材料、零配件（靶材、光刻胶、掩模版、封装载板、抛光垫、抛光液、8英寸及以上硅单晶、8英寸及以上硅片）生产企业，集成电路重大项目和承建企业的清单；《公告》提及的国家鼓励的集成电路生产企业或项目归属企业、国家鼓励的集成电路设计企业清单。

二、2024年已列入清单的企业如需享受新一年度税收优惠政策（进口环节增值税分期纳税政策除外），2025年需重新申报。申请列入清单的企业应于2025年3月31日至4月18日在信息填报系统（https://yyglxxbs.ndrc.gov.cn/xxbs-front/）中提交申请，并生成纸质文件加盖企业公章，连同必要证明材料（电子版、纸质版）报本省、自治区、直辖市及计划单列市、新疆生产建设兵团发展改革委或工业和信息化主管部门（由地方发展改革委确定接受单位）。经审计的企业会计报告须在提交申请时一并提交。

三、地方发改和工信部门根据企业条件和项目标准（附后），对企业申报的信息进行初核通过后，报送至国家发展改革委、工业和信息化部。《若干政策》第（一）、（三）、（六）、（七）条，以及财关税〔2021〕4号文提及的集成电路产业的关键原材料、零配件生产企业清单，由国家发展改革委、工业和信息化部、财政部、海关总署、税务总局进行联审确认并联合印发。《若干政策》第（八）条提

及的集成电路重大项目，由国家发展改革委、工业和信息化部形成清单后函告财政部，财政部会同海关总署、税务总局最终确定。《公告》提及的国家鼓励的集成电路生产企业或项目归属企业、国家鼓励的集成电路设计企业清单，由国家发展改革委、工业和信息化部、财政部、税务总局进行联审确认并联合印发。

四、列入清单的企业在下一年度企业所得税预缴申报时，可自行判断是否符合条件。如符合条件，在预缴申报时可先行享受优惠，年度汇算清缴时，如未被列入下一年度清单，按规定补缴税款，依法不加收滞纳金。申请享受《若干政策》第（一）、（三）、（六）、（七）条提及的税收优惠政策，财关税〔2021〕4号文提及的关税优惠政策，以及《公告》提及的研发费用加计扣除政策的，可于汇算清缴结束前，从信息填报系统中查询是否列入清单。享受《若干政策》第（八）条优惠政策的，由企业所在地直属海关告知相关企业。

五、已享受《若干政策》第（一）、（三）、（六）、（七）条提及的税收优惠政策，财关税〔2021〕4号文提及的关税优惠政策的企业或项目，以及《公告》提及的研发费用加计扣除政策的企业或项目归属企业发生更名、分立、合并、重组以及主营业务重大变化等情况，应及时向地方发改和工信部门报告，并于完成变更登记之日起60日内，将企业重大变化情况表和相关材料报送国家发展改革委、工业和信息化部（以省级部门上报文件落款日为准）。国家发展改革委、工业和信息化部会同相关部门确定发生变更情形后是否继续符合享受优惠政策的企业条件或项目标准。

六、地方发改和工信部门会同财政、海关、税务部门对清单内的企业加强日常监管。在监管过程中，如发现企业存在以虚报信息获得减免税资格问题，应及时联合核查，并联合上报国家发展改革委、工业和信息化部进行复核。国家发展改革委、工业和信息化部会同相关部门复核后，对确不符合享受优惠政策条件和标准的企业或项目，将函告财政部、海关总署、税务总局按相关规定处理。

七、企业对所提供材料和数据的真实性负责。申报企业应签署承诺书，承诺申报如出现失信行为，则接受有关部门按照法律、法规和国家有关规定处理，涉及违法行为的信息记入企业信用记录，纳入全国信用信息共享平台，并在“信用中国”网站公示。

八、本通知自印发之日起实施，并适用于企业享受2024年度企业所得税优惠政策和财关税〔2021〕4号文规定的进口税收政策，以及《公告》提及的研发费用加计扣除政策。国家发展改革委、工业和信息化部会同相关部门，根据产业发展、技术进步等情况，对符合享受优惠政策的企业条件或项目标准适时调整。

附件：1. 享受税收优惠政策的企业条件和项目标准
2. 重点集成电路设计领域和重点软件领域
3. 享受税收优惠政策的集成电路企业、项目和软件企业提交材料明细表
4. 企业重大变化情况表

扫码阅读

国家税务总局关于开展 2025 年“便民办税春风行动”的意见

2025 年 3 月 28 日　税总纳服发〔2025〕20 号

国家税务总局各省、自治区、直辖市和计划单列市税务局，国家税务总局驻各地特派员办事处，局内各单位：

为深入学习贯彻习近平新时代中国特色社会主义思想，落实党的二十届三中全会精神以及全国两会部署安排，税务总局决定，2025 年以“强基促发展·提效激活力”为主题，持续开展“便民办税春风行动”，集成推出系列利企便民服务举措，进一步提升税费服务效能，提高纳税人缴费人获得感和满意度，引导和促进税法遵从，更好服务经济社会高质量发展。

一、智慧服务优体验

（一）拓展智慧办税缴费。持续优化新电子税务局和移动端 APP，拓展完善自然人税收管理系统税费服务场景。依托税务数字账户，一户式自动归集和展示税费缴退信息，帮助纳税人缴费人全面便捷掌握税费缴退情况。探索建设税费优惠政策红利账单查询功能，方便纳税人缴费人查询已享受红利账单数据。推广自然人线上代开数电发票功能，符合条件的纳税人可通过新电子税务局 WEB 端和 APP 端代开发票。实现纳税人在新电子税务局单点登录即可跳转自然人税收管理系统办理自然人涉税业务。在全国范围上线新电子税务局环境保护税智能预填功能。为涉税专业服务机构提供精准推送“体检报告”等服务。为通过“反向开票”销售报废产品的自然人出售者办理经营所得个人所得税汇算清缴时，提供申报表项目预填服务。

（二）推动税费服务升级。深化征纳互动服务，推进办税服务厅和 12366 一体化转型升级，优化“问办协同”服务体验。全面推广涉税专业服务信用码，对守信主体推出更多激励措施，引导涉税专业服务行业主动亮码执业，便于纳税人及社会公众选择更好的涉税专业服务。优化精准推送机制，做好热点诉求推送，增强推送实用性；探索“伴随式”推送，及时解决纳税人缴费人办税缴费过程中遇到的问题。

二、政策落实助发展

（三）加强政策宣传辅导。扎实开展第 34 个全国税收宣传月活动，依托中央主流媒体、重点市场化媒体，进一步加强政策解读，扩大政策覆盖面和知晓度。打造“税费政策直播间”宣传品牌，拓展可视答疑服务范围向全量税费业务转变，进一步增强税法宣传的实效性。

（四）服务重点领域发展。持续推广并优化“乐企”平台，为更多接入企业提供便捷的数电发票开具、交付、使用等服务，推动企业业务、财务、税务融合贯通。推进落实大企业跨区域税费事项协调解决机制，增强企业重大事项的税费政策确定性和执行一致性。为大企业提供行业性税收政策和风险提示服务，帮助其更好适用税收政策、合规经营。发布《重点外资项目全周期涉税服务指引》，进一步完善税收服务外资工作体系。

三、权益保障促遵从

（五）深化税企沟通交流。常态化开展“税企面对面”活动，通过座谈、走访等方式，定期收集并推动解决企业办税缴费中遇到的堵点难点问题。依托“一带一路”税收征管合作机制，举办税务部门主题日活动，为各国税务部门沟通交流提供平台，为税企对话搭建桥梁，更好服务“走出去”“引进来”企业。

（六）高效响应税费诉求。深化运用税费诉求解决机制，加强对重点行业、领域、群体诉求的信息化收集和智能化分析，持续跟踪热点诉求解决效果，推动实现解决一项诉求、破解一类问题。出台并实施《个人所得税综合所得汇算清缴管理办法》，增强个人所得税综合所得汇算清缴制度稳定性，更好服务个人所得税综合所得汇算清缴。

（七）促进依法合规经营。加强对诚信纳税合规经营案例的宣传推广。加强重大税收违法失信主体信用修复工作，引导纳税人主动纠正失信行为。常态化加强典型案例曝光，积极推动企业合规经营。纳税人发生未按法定期限办理纳税申报、税款缴纳、资料备案等事项且已在 3 日内补办的，可按 100% 加分比例修复对应纳税信用评价指标分值。履行相关法律义务依法解除非正常状态的纳税人，无需提出纳税信用修复申请，税务机关将按照相关规定重新评价其及其关联纳税人的纳税信用级别。健全完善涉税专业服务信用激励约束机制，优化对涉税专业服务机构及涉税服务人员“执业每一课”培训辅导等服务措施，加大对涉税专业服务机构违法违规行为的打击和典型案件曝光警示力度，引导合规执业。

四、聚力协作提效能

（八）协同办好民生实事。在停车场、商超零售、加油站等推广“支付即开票”，消费者支付后发票自动预填、即时开具，方便消费者取得发票。在部分地区试点住房公积金个人住房贷款与不动产登记办税“一件事”高效办理，为群众提供一站式服务。巩固并拓展社会保险申报缴费、参保登记业务“一厅联办”成效，不断优化缴费服务。

（九）联合助力企业发展。联合相关部门深入开展 2025 年“春雨润苗”专项行动，为小微经营主体纾困解难，助力民营经济发展壮大。推进“高效办成企业迁移登记一件事”，配合相关部门建立联办机制，实现线上一站式办理。推进“高效办成企业数据填报一件事”，加强部门数据共享，合力解决企业年度财务报表数据多部门重复填报问题。会同相关部门，加强登记信息共享，进一步优化“个转企”办理程序，实现“高效办成‘个转企’一件事”。

各地税务机关要进一步提高政治站位，坚持以人民为中心的发展思想，坚决落实“两个毫不动摇”，紧扣“高效办成一件事”部署要求，深入实施数字化转型条件下的税费征管“强基工程”，充分调动广大干部的积极性、创造性，压实工作责任，加强统筹协调，强化部门协作，持续抓好措施落地见效。要加强跟踪问效，及时研究解决推进落实中遇到的问题，增强工作实效。要做好宣传引导，推广有效经验做法，以便民服务措施的深入推进，有效激发市场活力，更好支持民营企业等各类经营主体合规经营、健康发展，为高质量推进中国式现代化税务实践作出更大贡献。

关于推进“强基工程”建设的若干思考

□ 国家税务总局江苏省税务局党委书记、局长　许光烈

国家税务总局党委提出，要深入实施数字化转型条件下的税费征管“强基工程”，并明确将其作为高水平推进效能税务建设、高质量推进中国式现代化税务实践取得跨越式发展的重要抓手。国家税务总局江苏省税务局前期开展专题调研，对推进“强基工程”建设进行初步研究，以“六基”（基础数据、基础申报、基础制度、基础流程、基础管理、基础力量）为切入点，查找问题，提出思路。

税务系统实施“强基工程”建设的现实意义

税费征管是税务部门的核心职责、基础业务。深入实施数字化转型条件下税费征管“强基工程”是高水平打造效能税务的固本之策，有利于高质量推动中国式现代化税务实践行稳致远，更好发挥税收在国家治理中的基础性、支柱性、保障性作用。

*落实“强基工程”是推进国家治理现代化的重要保障。*税收作为国家治理基础和重要支柱，是国家治理体系的重要组成部分，在金税四期建设和数字化转型背景下，深入推进“强基工程”，实施税收征管数字化升级和智能化改造有利于实现业务流程、制度规范与大数据技术的创新性融合，可以为税收治理现代化提供坚实支撑，更好发挥税收在优化资源配置、维护市场统一、促进社会公平等方面的作用。

*落实“强基工程”是深化财税体制改革的必然要求。*党的二十届三中全会对财税体制改革作出重要部署，税收征管改革是财税体制改革的重要内容。深入推进“强基工程”，建立流程规范、制度完备的税收征管模式，有利于发挥我国税务组织体系统一性的优势，增强税务执法的公平性和规范性，有效维护法治公平的经济税收秩序。

*落实“强基工程”是打造高水平效能税务的迫切需要。*深入推进“强基工程”，着力提升严格、规范、精准执法能力，强化大数据、人工智能赋能水平，健全权责清晰、监管到位的责任落实机制，有利于解决影响征管效能的基础性、源头性问题，提高纳税人税法遵从度、降低税款流失率，以实实在在的基础工作为打造高水平效能税务夯基固本。

深化推进“强基工程”提升基层治理力的对策思路

围绕税务总局党委关于夯实税费征管基础、

强化日常管理的部署安排，结合制约江苏省税费征管效能提升的一些基础性、源头性问题，以“六基”建设为切入点，着力推进税费征管“强基工程”，持续夯实效能税务建设“底座”。

（一）基础数据重在“提质”，切实提升数据治理效能

数据是构建征管新模式和监管新机制的重要支撑。实施税费征管数据质量提升方案，建立“采集有标准、操作有规范、过程有控制、结果有校验”的全流程闭环管理机制，构建与数字化转型相适应的数据治理体系。开展税费数据质量普查，全面梳理内外部数据资源，形成数据“一本账”，加强相关数据的清理核实、监控校验、贯通共享，建立完善数据智能纠错系统，持续优化数据质量校验规则，通过事后全量数据清洗，促进数据质量回归改进。提升数据支撑应用能力，打通跨税费种、跨部门数据逻辑关联，努力实现全量税费数据可归集、可比较、可连接、可聚合。通过“数据+规则”驱动，使海量数据资源和数据治理应用成为税务部门核心竞争力和新质生产力。

（二）基础申报重在“精准”，切实提升申报管理效能

全国税务工作会议强调，要以全面优化纳税申报管理为切入口，积极构建征管新模式。应构建事前、事中、事后全流程申报管理的审核提醒机制，促进纳税人缴费人自觉申报、合规申报。申报前，智能汇集、动态更新信息数据，健全标签体系，借助精准推送、征纳互动、可视答疑等服务举措，开展分类精准纳税辅导、合规引导，帮助纳税人正确理解税费政策、准确办理税费申报。申报中，常态化实施征期内智能化申报审核提示提醒，梳理覆盖各税费种、各类申报表的校验规则，形成分对象、分领域、分场景的智能化指标库，实时监控、即时分析、定时提醒，引导纳税人缴费人及时修正申报错误。申报后，强化抽查核查及风险处置，对异常申报进行重点核查，督促纳税人缴费人准确规范申报、防范遵从风险。

（三）基础制度重在“效用”，切实提升制度约束效能

以税务总局现有制度规定为依据，加快完善专项领域监管制度、创新新兴领域监管机制。比如，完善支持平台经济规范健康发展的服务和监管措施，修订代开发票管理办法，建立与“三流合一反向开票”“支付即开票”等应用场景相适配的征缴制度和业务流程规范等，回应基层和社会关切。注重将巡视巡察、督察审计、日常管理等工作中发现的短板不足、提出的整改措施、积累的经验做法上升为制度规范，努力构建系统完备、科学规范、运行有效的基础制度体系。加强基础事项任务统筹管理，将各类提示提醒、基础信息核实、逻辑性浅层次涉税风险排查等事项全部纳入统筹范围，按照“统一渠道、分类处理、降频减量、任务找人”的原则，优化机制，切实减轻基层负担。

（四）基础流程重在“规范”，切实提升流程运转效能

适应金税四期税费业务处理规则，重构部分税费业务流程，全面推行“数据分析+集约处理+整合统筹+模板操作+外部协同+跟踪管理”的工作模式，强化对税费服务、税务监管、税务稽查等任务的日常分析、集中分析、深度分析，推动规范化操作和集约化处理。围绕留抵退税审核、高新技术企业所得税管理等事项，研究制定场景化数据指引和操作指南，推动从人工查询多个系统审核到智能审核转变。同时，持续完善税收监管风险直报和快速处理机制，进一步提升风险处置效能。

（五）基础管理重在“改进”，切实提升征收管理效能

着力抓实基层日常税源管理，逐项排查从登记到注销全流程存在的短板不足，加强涉税涉费事项全生命周期管理。特别是要聚焦代开发票、未办税户、双定户等管理难点，解决当前一些较为紧迫的、具有普遍性的突出问题。推动将督审

以及各税费种部门的监控指标整合纳入江苏税务“5C+”征管质量评价体系，从事后评价为主向事中管控与事后评价并重转变，促进形成及时提醒、主动纠错、快速整改、跟踪问效的征管质量提升管理闭环。聚焦新兴税源及重点领域、重点事项，针对成品油消费税、出口退税、土地增值税清算等领域长期存在的顽瘴痼疾，数字经济、平台经济等新经济新业态以及传统领域升级改造、集团企业跨区域多元化经营形成的新模式，分特定行业、特定领域、特定群体制定清单化、个性化管理措施。在此基础上，强化涉税涉费诉求收集分析和快速响应机制，依托专业服务机构帮助市场主体更好履行纳税缴费义务，持续健全税费信用管理，以管理优服务，寓服务于管理，促进纳税人缴费人主动遵从、降低征纳成本。

（六）基础力量重在“优化”，切实提升资源配置效能

进一步落实分类分级管理试点要求，深化省、市、县税费服务、税务监管等工作集群建设，强化征管任务统筹和智能化、集约化处理能力，对重大、复杂、紧急事项实施提级管理，为基层减负赋能，使其腾出精力提升税源感知能力和前端风险防范能力，发挥基层主观能动性。尽快建立与数字化转型相适配的税费征管岗责体系，推动有条件的基层属地税源管理机构有序转型，探索构建符合实际的征管力量体系。加强基层税收征管能力建设，注重培养基层干部获取、分析和运用数据的能力，持续放大“人机结合、数实融合”的效应。

美国加征关税　全球一片反对
严重破坏自由贸易秩序和全球产供链稳定

美国近日宣布对贸易伙伴征收“对等关税”的措施。这被认为是美国本届政府影响范围最广、冲击力度最大的关税政策。分析人士指出，“对等关税”将对美国家庭、产业和宏观经济造成多重反噬。多国政商界人士表示，美国加征关税的贸易保护主义措施不断加码，将严重破坏自由贸易秩序和全球产业链供应链稳定，加剧世界经济不确定性。

美国耶鲁大学预算实验室预测，“对等关税”实施后，如果其他国家不采取报复措施，美国个人消费支出（PCE）短期将上涨 1.7%，2025 年实际国内生产总值（GDP）增长率将下降 0.6 个百分点；如果其他国家采取报复措施，美国个人消费支出涨幅将扩大至 2.1%，实际 GDP 增长率将下降 1 个百分点。美国高盛集团发布报告说，随着美国政府关税政策冲击全球经济和金融市场，未来 12 个月美国经济出现衰退的概率升至 35%，高于此前预期的 20%。

德国总理朔尔茨近日公开批评美国加征关税破坏全球自由贸易秩序。朔尔茨表示，自由贸易是全球繁荣的基石，美方推行的保护主义政策正使其“面临严峻挑战”。欧洲央行行长拉加德表示，当前美国政策缺乏“可预测性”，美国加征关税对全球经济来说不是好事。

不久前，美国白宫还发布行政令宣布对进口汽车加征 25% 关税，自 4 月 3 日起执行。此举同样遭到美国国内外舆论的激烈批评和反对。美国商会负责国际政策的高级副总裁约翰·墨菲对媒体表示，加征关税将“伤害而非帮助美国汽车工业”，危及很多美国人的工作岗位。

加拿大总理马克·卡尼表示，加政府将研究如何对美国采取反制措施。他认为，美国加征汽车关税是对加拿大和加拿大工人的“直接攻击”，两国关系“正在破裂”。欧盟委员会主席冯德莱恩发表声明，称美国决定对进口汽车加征关税令她“深感遗憾”，“关税对企业不利，对消费者更不利”。日本首相石破茂在参议院答辩时表示，美国对进口汽车加征关税“对日本经济影响极大”。日本《朝日新闻》发表社论称，美方对进口汽车加征关税令人无法容忍。

“美国政府关税政策的不确定性给全球经济活动带来风险，可能拖累全球经济增长。”国际货币基金组织总裁格奥尔基耶娃说。

欧盟改革跨境投资预扣税制度

近日，欧盟理事会通过《更快和更安全的额外预扣税减免指令》（FASTER），该指令旨在改革欧盟成员国预扣税减免程序，欧盟理事会要求欧盟成员国必须在2028年12月31日之前将该指令转化为国家法律，并从2030年1月1日起生效执行。

近年来，随着资本跨境流动的加速，欧盟各成员国预扣税制度的碎片化、不透明化以及低效化已成为制约跨境投资的障碍，而《更快和更安全的额外预扣税减免指令》的推出，为解决这些问题提供了全新思路。它通过数字化税务居民证书、快速通道程序以及标准化报告义务，简化税务操作流程，提高税收透明度和征管效率。这不仅有助于减少双重征税的风险，还将通过促进投资便利性，推动欧盟资本市场的整合与发展。

《区域全面经济伙伴关系协定》生效三周年 RCEP为亚太经济注入新活力

2025年1月1日，《区域全面经济伙伴关系协定》（RCEP）迎来生效实施三周年。海外相关经济组织、政府官员、专家学者等认为，RCEP有效激发地区合作活力，充分印证了开放发展和自由贸易有利于经济增长、促进市场繁荣。亚太地区和全球伙伴应进一步携手合作，促进贸易和投资自由化，提高贸易便利化水平，通过实现区域内自由贸易繁荣，共同打造开放型世界经济。

目前，中国香港、斯里兰卡、智利已经提出加入《区域全面经济伙伴关系协定》的申请。海外人士认为，该协定“朋友圈”的进一步扩容升级，将为推动区域经贸繁荣发展和经济一体化注入更多动能，提振国际社会对多边主义的信心。

特朗普宣布“双支柱”国际税改协议在美无效

近日，美国特朗普政府发布了一份备忘录，明确表示在没有美国国会通过相关立法的情况下，经济合作与发展组织牵头的“双支柱”国际税改协议在美国不具有法律效力，美国可能对域外税收措施采取报复性行动。这一政策转变标志着美国在国际税收领域政策的重大调整，预计将对全球税收秩序及跨国企业产生深远影响。

世界经济论坛：多边合作是推动全球经济复苏的关键所在

不久前，世界经济论坛2025年年会在瑞士达沃斯落下帷幕。近3000名来自世界各地的与会者重申共识："智能合作"（面对人工智能时代的诸多挑战，加强国际合作）应对共同面临的全球挑战，加强多边合作、反对贸易保护主义，是各方共渡难关、推动全球经济复苏的关键所在。

世界经济论坛总裁博尔格·布伦德在论坛期间接受新华社记者采访时强调，尽管当今世界充满不确定性，但合作依然是应对共同挑战的唯一有效路径。

在澳跨国公司须完整披露税务信息

近日，澳大利亚议会通过了《国别税务信息公开披露法案》，要求在澳跨国企业公开其税收信息的国别报告。该项法案自草案提出时就备受瞩目和争议，历经近两年的激烈辩论与反复修订。其间，澳大利亚政府、企业、社会组织等各方利益主体基于各自立场展开深度博弈，最终达成共识。这一法律势必对澳大利亚及国际税收领域产生影响。

国际公司税改革独立委员会呼吁重构多边税收秩序

近日，国际公司税改革独立委员会发布题为《关于联合国国际税收合作框架公约谈判的声明》的文件。文件指出，现行国际税收体系存在着结构性缺陷，这严重冲击了全球税收公平与可持续发展。文件认为，实施"显著经济存在"原则、重新界定价值创造国征税权等措施，有望打破现行税收协定过度偏向居民国的利益格局。

声明文件中详细阐释了联合国《国际税收合作框架公约》的改革框架，强调遵循单一税制、经济实质认定、全球最低税率及特殊待遇机制四大原则，重构多边税收秩序，打造一个所有国家都能在清晰、透明规则下平等参与的多边税收合作平台。

国际公司税改革独立委员会认为，实施"显著经济存在"原则、重新界定价值创造国征税权等措施，有望打破现行税收协定过度偏向居民国的利益格局。25%全球最低有效税率、高净值个人受益所有权强制披露以及全球资产登记机制等工具，被视为可遏制避税港竞争和保护发展中国家税基的关键突破。

经合组织：
全球税收透明度提升取得积极进展

近日，经济合作与发展组织（OECD）发布《2025年全球论坛能力建设报告》，系统呈现了2024年税收透明度与信息交换全球论坛在提升税收透明度、支持发展中国家、深化区域合作等方面取得的重要进展。作为当前国际税收治理体系的核心平台，全球论坛自2009年成立以来，始终致力于推动应请求信息交换标准、自动信息交换标准等税收透明度标准的制定、实施与应用，通过能力建设、标准制定、同行评审等工作机制，已构建起覆盖171个成员国（地区）的全球税收治理合作网络，为打击跨境逃税和遏制非法资金流动提供了制度性保障。

在打击违法犯罪的同时，对从事恶意税收筹划的涉税中介一并检查，2024 年共检查涉税中介 344 户，并对检查发现的违法中介机构和人员采取纳入涉税服务失信名录等措施。同时，针对税务干部与涉税中介勾连勾兑等问题开展“有案同查”，严肃处理处分了一批违纪违法的税务干部。

——2025 年 4 月 1 日国家税务总局新闻发布会

税务部门曝光 5 起涉税中介违法违规案件和 1 起税务人员与涉税中介内外勾结骗取税款被处理案件

近年来，税务部门坚持管理与服务并重，规范和支持涉税专业服务行业为纳税人提供个性化服务，促进涉税中介行业健康发展。但部分涉税中介机构及其从业人员参与实施税收违法行为，甚至有个别税务干部与涉税中介内外勾结骗取税款，严重扰乱正常税收秩序，妨碍市场公平竞争。现将税务部门处理的 6 起相关典型案件公布如下。

1

浙江省杭州市税务部门依法对一涉税中介机构利用税收优惠政策实施违法策划、帮助其代理的企业偷逃税款进行处理。

经查，杭州泽荣财务咨询有限公司利用税收优惠政策，通过操控伪造符合生活性服务业纳税人身份的空壳企业，恶意套取加计抵减政策红利，帮助其代理企业偷逃税款合计 638.48 万元。目前，税务部门在追缴其代理企业偷逃税款的同时，根据《中华人民共和国税收征收管理法实施细则》第九十三条规定，没收杭州泽荣财务咨询有限公司违法所得 77 万元，并处纳税人少缴税款的 0.5 倍罚款 319.24 万元；依据《涉税专业服务监管办法（试行）》第十五条规定，对杭州泽荣财务咨询有限公司采取纳入涉税服务失信名录等措施。

2

广东省梅州市税务部门联合公安机关依法对一涉税中介机构法定代表人变造国家机关证明文件办理清税业务进行处理。

经查，梅州市睿诚会计服务有限公司法定代表人黄某俊在接受梅州市某专业合作社委托办理注销手续业务时，通过网络购买修图服务，对一份真实有效的《清税证明》进行修改，替换成委托企业的相关信息，未真实代为办理清税业务并试图从中牟利，构成变造国家机关证明文件的违法行为。同时，梅州市睿诚会计服务有限公司还存在隐瞒企业收入情况。目前，广东省梅州市公安局依据《中华人民共和国治安管理处罚法》的规定，对黄某俊处以拘留10日并处罚款。税务部门对梅州市睿诚会计服务有限公司隐瞒收入的行为，依法追缴税款并加收滞纳金，同时依据《涉税专业服务监管办法（试行）》规定，对梅州市睿诚会计服务有限公司及其法定代表人黄某俊采取纳入涉税服务失信名录等措施。

3

广西壮族自治区贵港市税务部门联合公安机关依法对一涉税中介机构及其法定代表人虚开增值税发票进行处理。

经查，广西庆美商务服务有限公司法定代表人梁某指使其员工注册成立空壳企业对外虚开增值税发票，同时教唆其部分委托方企业对外虚开发票，共计虚开增值税发票494份，价税合计1.03亿元。目前，该公司法定代表人梁某及相关人员已被检察院提起公诉。税务部门依据《涉税专业服务监管办法（试行）》规定，对广西庆美商务服务有限公司及其法定代表人梁某采取纳入涉税服务失信名录等措施。

4

山东省枣庄市税务部门联合公安机关依法对一涉税中介机构实际控制人冒用被代理公司身份虚开发票进行处理。

经查，山东孔瑾财务管理有限公司实际控制人赵某军利用经营涉税中介机构的便利条件，在被代理公司不知情且没有发生实际经营业务的情况下，冒用3家被代理公司身份虚开增值税发票。此外，赵某军还利用自己控制并担任法定代表人的2家公司对外虚开增值税发票，共计88份，价税合计775.53万元。目前，赵某军因犯虚开增值税专用发票罪、虚开发票罪被判处有期徒刑二年。税务部门依据《涉税专业服务监管办法（试行）》规定，对赵某军采取纳入涉税服务失信名录等措施。

5

河南省郑州市税务部门联合公安机关依法对一涉税中介机构及其法定代表人虚开增值税发票进行处理。

经查，郑州滴锦企业管理咨询有限公司法定代表人秦某菲以收取“开票费”为目的，通过虚构业务、虚假结算、资金回流等方式虚开增值税发票97份，价税合计197.05万元。目前，该公司法定代表人秦某菲因犯虚开发票罪，被法院判处有期徒刑一年。税务部门依据《涉税专业服务监管办法（试行）》规定，对郑州滴锦企业管理咨询有限公司及其法定代表人秦某菲采取纳入涉税服务失信名录等措施。

6

重庆市税务部门对一名税务人员违规收受涉税中介财物进行处理。

经查，重庆市某区税务局冯某与不良涉税中介勾连勾兑，利用职务之便，接受涉税中介人员请托，在为企业办理股权转让税务变更登记等事项中违规提供帮助，并多次收受相关人员财物。税务部门依据《中国共产党纪律处分条例》《中华人民共和国公职人员政务处分法》等有关规定，对冯某给予开除党籍、开除公职的处分，同时挽回税款损失480余万元。冯某因犯受贿罪被判处有期徒刑五年。当地税务部门已依规对相关涉税中介进行处理。

涉税专业服务机构及从业人员应自觉增强诚

信服务意识、社会责任意识和知法守法意识，不仅要依法依规执业，更要守法合规经营，以专业优质的服务树立行业良好形象。税务部门将持续优化对涉税专业服务机构的服务措施，常态化开展规范管理工作，并严肃查处涉税中介违法违规行为，特别是严肃查处税务干部与不法分子内外勾结、通同作弊骗取税款等违法违纪行为，促进涉税中介行业健康发展，维护国家经济秩序和税收安全，保障国家税收利益和纳税人缴费人合法权益。

国家税务总局发布《涉税专业服务管理办法（试行）》

2025年3月19日，国家税务总局发布《涉税专业服务管理办法（试行）》（以下简称《管理办法》），自2025年5月1日起施行。《管理办法》共六章三十九条，主要包括管理范围、管理与服务、监督检查、处理与处罚等内容。

《管理办法》是在原《涉税专业服务监管办法（试行）》上进行迭代升级，充分吸纳了社会各界提出的意见和建议，以部门规章形式公布施行，补齐了现有规范性文件法律层级偏低等制度短板。《管理办法》与前期出台的涉税专业服务信息采集、信用评价管理、信息公告与推送、基本准则及职业道德守则等相关税务规范性文件相衔接，形成相对完备的涉税专业服务管理制度体系，更好助力涉税专业服务行业健康发展。

据了解，《管理办法》聚焦行业发展存在的执业质量有待加强等突出问题，建立健全以实名制管理为基础的“信用＋风险”管理机制，明确执业监督检查、行政处罚等内容，进一步完善了涉税专业服务管理制度。比如，运用信息技术对涉税专业服务机构及涉税服务人员赋予信用码，推行实时动态信用积分记录及查询，强化正向激励。又如，以执业合规为目标导向，采取提示提醒等方式，推动涉税专业服务机构完善内部控制制度；对经风险提示仍存在疑点问题的，可采取责令限期改正、约谈、推送有关部门等方式开展核查，对违反管理办法的机构和人员可采取信用惩戒等处理处罚措施。

值得关注的是，《管理办法》坚持管理与服务并重，进一步优化了对涉税专业服务行业的服务措施。比如，明确税务机关应当建立健全与涉税专业服务机构及其行业协会、纳税人之间的沟通机制，认真倾听并及时响应涉税专业服务领域的相关诉求；简化信息报送，并定期提供税务部门归集的涉税专业服务机构年度服务总体情况，为涉税专业服务机构加强内部管理、防范执业风险、提升涉税专业服务信用等级提供参考等。

吉林财经大学税务学院院长张巍认为，《管理办法》的落地施行，更好落实了党的二十届三中全会通过的《中共中央关于进一步全面深化改革、推进中国式现代化的决定》关于健全社会信用体系和监管制度，完善中介服务机构法规制度体系，促进中介服务机构诚实守信、依法履责等有关要求，将有效提高涉税专业服务机构及涉税服务人员的执业合规性，进一步推动涉税专业服务行业高质量发展。

税务总局纳税服务司司长沈新国表示，下

一步，税务部门将进一步规范和支持涉税专业服务行业发展，充分发挥其在提升纳税人满意度、促进税法遵从、引导合规经营等方面的作用，更好地保障纳税人合法权益，助力税收法治公平和优化税收营商环境，为经济社会高质量发展赋能增效。

评论

涉税中介要“助力”而不“越位”

2025 年 3 月 14 日，多省区税务部门集中曝光涉税中介违法违规案件，犹如一记警钟敲响在行业上空。当专业服务机构沦为偷逃税款的“技术帮凶”，行业的角色定位就不可避免地出现了认知偏差。当前，涉税中介亟需找准“税企桥梁”的定位，既要做企业合规经营的“好帮手”，更要守住法律边界的“基准线”。

涉税中介一手牵着纳税企业、一手连着税务部门，本应运用专业能力帮助企业防范风险、优化管理、诚信纳税，但个别机构却将技术优势异化为“越位操作”，通过虚构业务、篡改数据等违法手段为虎作伥。这种饮鸩止渴的短视行为，表面上是帮了企业，实质上却是害了纳税人，不仅难逃相关部门的依法查处，还可能导致整个行业陷入信任危机。

要如何“守界”？涉税中介的核心竞争力不是“钻空子”的技巧，而是“守规矩”的定力和“防风险”的能力。只有以法治为纲，坚守遵从税法的底线，坚决执行税收法律法规，将合规要求内化为执业基因，杜绝协助虚开发票、编造虚假计税依据、偷逃骗税等违法行为，才能找到服务企业合规经营、促进行业健康发展、维护国家税收安全之间的“最大公约数”，在法治轨道上行稳致远。

要怎样“助力”？涉税中介的行业价值不仅在于提供专业服务的精度，更在于能够发挥“由点及面”的正向带动作用。涉税中介既要让诚信纳税成为行动自觉，使专业价值在服务企业合规经营、维护税收公平正义中得到充分彰显；也要主动靠前服务，引领带动委托方企业知法守法、诚信纳税，形成向上向善的“辐射效应”，力求由“一企”诚信纳税带动所有经营主体“一起”诚信纳税。

站在优化税收营商环境的新起点，涉税中介需要重新校准发展坐标。事实证明，唯有坚守法治底线、强化专业赋能、深化协同共治，方能在服务市场主体与维护税收秩序之间找到最佳平衡点，真正成为税收现代化建设的建设性力量。这既是行业可持续发展的必由之路，更是服务中国式现代化的责任担当。

涉税中介守法合规经营才能实现长远发展

2025 年 3 月 14 日，税务部门曝光 5 起涉税中介机构违法违规案例和 1 起税务人员与涉税中介内外勾结骗取税款案件。再次传递出税务部门对涉税中介机构及相关从业人员违法违规行为零容忍，依法治税、从严治税的鲜明信号，有利于更好发挥税收职能作用，进一步营造法治公平的税收营商环境，服务中国式现代化。

“黑中介”违法违规终被查处

涉税专业服务机构作为连接税务部门和广大纳税人的桥梁，在助力经营主体依法处理涉税业务等方面发挥着重要作用。但是，部分不法涉税中介机构为牟取私利，不惜践踏法律红线，利用自身专业优势，歪曲解读税收政策，提供违规税收策划，甚至帮助经营主体偷逃税款，扰乱税收秩序，妨碍市场公平竞争，严重损害了广大纳税人的合法权益和国家税收安全。

从税务部门此次曝光的案件内容来看，有的涉税中介机构利用税收优惠政策实施违法策划，伪造空壳企业，帮助其代理的企业恶意套取加计扣除政策红利；有的无视法律威严，通过购买修图服务，修改税务文书，变造国家机关证明文件，从中牟利；有的通过指使员工注册成立空壳企业，或者冒用被代理公司身份，抑或是通过虚构业务、虚假结算、资金回流等方式，虚开增值税发票，偷逃税款。其违法手段之多样、性质之恶劣，不仅破坏了市场的公平竞争，同时也对涉税服务行业信誉带来了严重的负面影响。

税收作为国家财政收入的主要来源，是国家实现各项职能的物质基础。中国政法大学财税法研究中心主任施正文教授指出：“在前期税务部门公布的案件中，不少案子都能看到涉税‘黑中介’的影子。税务部门对这些案件的严肃查处，是维护税收法治公平的必然之举，更是保障国家经济健康稳定发展的重要措施。”

他认为，在此批对外公布的案件中，同步对外曝光了 1 起税务人员违规为企业提供帮助，收受相关人员财物被处理的案件，表明了税务部门在打击涉税违法犯罪行为的过程中，坚持外打内查，双向发力，深入推进全面从严治党和全面从严治税贯通互促的明确态度。

管理制度持续完善

党的二十届三中全会通过的《中共中央关于进一步全面深化改革、推进中国式现代化的决定》提出：“完善中介服务机构法规制度体系，促进中介服务机构诚实守信、依法履责。”

为有效解决涉税中介行业存在的深层次问题，税务部门持续从制度建设、管理机制、部门协作等多个维度，全面加强对涉税中介的规范管理。

早在 2017 年，税务总局便发布了《涉税专业服务监管办法（试行）》，以税务规范性文件形式明确涉税中介的业务范围、执业规范等重要内容，为行业发展提供了基本遵循。2022 年，税务总局加强部门协作，联合国家互联网信息办公室、国家市场监督管理总局印发了《关于规范涉税中介服务行为 促进涉税中介行业健康发展的通知》，进一步规范涉税中介机构行为。今年 3 月，税务总局对《涉税专业服务监管办法（试行）》

进行修改，以部门规章形式发布了《涉税专业服务管理办法（试行）》，进一步提升涉税专业服务行业制度法律层级，完善涉税专业服务行业制度体系，规范涉税专业服务行为。

西南政法大学经济法学院副教授、中国财税法治研究院研究员王婷婷认为："完善的制度建设和高效的监管机制，有利于提高税收征管效率，促进涉税中介行业持续健康发展。同时，近年来税务部门依托税收大数据，推进以涉税专业服务实名制为基础的'信用＋风险'监管机制，提升了税收征管的智能化、精准化水平，能有效预防和打击涉税中介机构违法违规行为，也更能有效维护国家税收安全和纳税人合法权益。"

合规执业方为正道

涉税中介是纳税服务体系的一个重要组成部分，对维护国家税收利益和纳税人合法权益发挥着重要作用。

"坚持依法依规、诚实守信地规范化发展，是确保行业沿着正确方向前进的关键。"吉林财经大学税务学院院长张巍表示，诚信执业是涉税中介机构立身之本、信誉之源，涉税中介机构及从业人员只有敬畏诚信、敬畏专业、敬畏法治、敬畏市场，才能不负职责、不负重托。

她认为，从行业发展的宏观视角来看，违法违规行为或许能让个别涉税中介机构在短期内获取些许利益，但从长远来看，在日益完善的税收管理和服务体系下，弄虚作假的行为犹如一颗定时炸弹，随时可能面临处理处罚，得不偿失。

守法合规经营是涉税中介长远发展的"护身符"。涉税中介机构唯有以专业优质服务为基石、以诚信合规经营为准则，依法依规执业，才能筑牢根基、行稳致远。

人民日报：税收数据显示我国经济持续向好

国家税务总局2025年3月11日发布的增值税发票数据显示：2024年9月底以来，一揽子增量政策持续发力，叠加存量政策落地见效，有效提振了市场信心，增强了经济发展动力。2024年10月至2025年2月，全国企业销售收入增速较2024年三季度提高1.1个百分点。

制造业稳定增长，装备制造支撑作用较强。增值税发票数据显示，2024年10月至2025年2月，制造业销售收入同比增长3.6%。其中，装备制造业销售收入同比增长8.7%，铁路船舶航空航天设备制造业、计算机通信设备制造业销售收入增速较快。

新兴产业增势良好，新质生产力加快发展。增值税发票数据显示，2024年10月至2025年2月，高技术产业销售收入同比增长10.6%，其中，高技术服务业、高技术制造业销售收入同比分别增长11.7%和9%。

设备更新稳步推进，消费品以旧换新持续向好。增值税发票数据显示，2024年10月至2025年2月，在大规模设备更新政策的带动下，全国企业采购机械设备金额同比增长7.1%；受国家鼓励、地方政府支持和企业让利等因素带动，电视机等家用视听设备零售、冰箱等日用家电零售分别同比增长23.3%和56.1%。

国家税务总局税收科学研究所副所长李平表示，近5个月我国经济运行呈现的一系列新趋势、新变化，显示了我国经济持续向好的态势。

经济日报：共建共享公平税收环境

税务部门近期发布的两组数据备受关注：一个是现行支持科技创新和制造业发展的主要政策去年减税降费及退税超2.6万亿元；另一个是去年全国税务部门共查处高风险加油站2722户，查补税费款和加收滞纳金、罚款共计57.89亿元。两组数据释放明确信号：税收减免的政策红利要应享尽享，但对各类偷逃税行为也要严厉打击，切实维护公平市场秩序，为经济高质量发展注入活力。

近年来，税务领域改革持续深化，纳税服务和税务执法的规范性、便捷性、精准性不断提升。去年以来，通过一体推进“依法治税、以数治税、从严治税”，效能税务建设再上新台阶，税收营商环境不断优化。比如，全国上线统一规范的新电子税务局让纳税人平均办税时间缩短20%，国家税务总局、公安部等8部门常态化打击涉税违法犯罪行为机制有效维护经济运行秩序，等等。

当前，包括结构性减税降费在内的系列支持高质量发展的税费政策，具有项目多、涉及领域广、适用主体差异大的特点。要及时精准送达，还需各方持续加强协同配合，形成抓落实的合力。同时，涉税违法活动呈现规模化、链条化特征，方式更加隐蔽和复杂。比如，有加油站通过删减加油机税控数据、更换加油机主板等方式偷税。对于这些违法行为，同样需要进一步深化部门合作，进行联合监管，实现全链条防范和治理。

汇聚合力维护稳定公平法治的税收营商环境，对于增强经营主体信心，促进各行业规范健康发展，激发全社会内生动力和创新活力具有重要意义。政府部门应进一步畅通完善数据信息共享应用机制，更有效借助数字化、智能化技术优化税费服务，确保各项税费优惠政策不折不扣落实到位。还应通过跨区域、跨部门数据共享和联合研判，实现对偷漏税违法行为精准打击和综合整治。

涉税专业服务机构及从业人员要进一步强化诚信服务和知法守法意识，充分发挥专业力量，帮助纳税人享受税收优惠、防范税务风险，促进税收公平。经营主体应坚持合规经营和依法纳税，珍惜信用、遵守规则，为长远发展夯实基础。

全国纳税信用年度评价结果显示，去年全国守信纳税人达4127万户，比上年增加378万户。其中纳税信用最高等级A级纳税人数量近335万户，比上年增加45.6万户。诚信纳税企业数量稳步增长，既说明全社会依法纳税意识在不断增强，也意味着对优良税收营商环境的期待和要求更高。打造和维护健康的税收环境，人人有责、共同受益。只有全社会各领域齐心协力，才能共建并共享公平法治的税收环境。

新华社：超6成惠及民营经济！税惠政策激发民营经济活力

国家税务总局2025年2月26日发布的数据显示，2024年现行支持科技创新和制造业发展的主要政策减税降费及退税26293亿元，其中，民营经济纳税人（包括民营企业和个体工商户）享受相关政策减税降费及退税15870亿元，占比超60%。

国家税务总局纳税服务司负责人介绍，2024年税务部门持续健全“税企面对面”常态化交流机制，建立民营经营主体直联点，持续开展“春雨润苗”专项行动等活动，累计组织开展宣传辅导活动7万余场次，惠及小微经营主体1039万户次，组织“走流程 听建议”活动4000余场次，收集响应个体工商户诉求3.8万余条。同时，开展新办户“开业第一课”，向全国1096万新办户推送针对性宣传产品1428万条。

税费优惠等多方面政策有效激发了民营经营主体活力。税收数据显示，2024年民营经济销售收入增速比全国企业平均水平高0.5个百分点。其中，高技术制造业、数字经济核心产业销售收入同比分别增长13%和4.7%。

央视新闻联播：

税务总局发布的增值税发票数据显示

2024年，专精特新“小巨人”企业多领域销售收入增长明显

2025年春节假期期间，全国消费行业日均销售收入同比增长10.8%

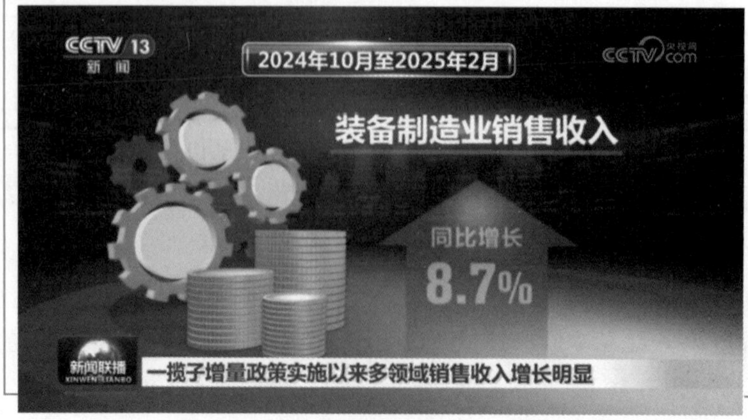

2024年10月至2025年2月，一揽子增量政策实施以来多领域销售收入增长明显

1月

8日

2025年度《中国税务年鉴》《中华人民共和国税法》编辑委员会议在京召开。会议以习近平新时代中国特色社会主义思想为指导，全面贯彻党的二十大和二十届二中、三中全会精神，认真落实中央巡视整改要求，按照税务总局党委工作部署，总结过去一年工作，分析当前面临的新形势新任务新要求，部署下阶段任务。税务总局党委委员、副局长王道树出席会议并讲话。

10日

国家税务总局党委书记、局长胡静林主持召开会议，传达学习习近平总书记在二十届中央纪委四次全会上的重要讲话和全会精神，研究部署税务系统贯彻落实措施。中央纪委国家监委驻国家税务总局纪检监察组组长、税务总局党委委员李建明谈了学习体会，并就深入推进税务系统全面从严治党提出要求。

16日

全国税务系统全面从严治党工作会议在京召开。会议以习近平新时代中国特色社会主义思想为指导，深入学习贯彻党的二十大和二十届二中、三中全会精神以及二十届中央纪委四次全会精神，总结2024年税务系统全面从严治党工作，部署2025年重点任务，为高质量推进中国式现代化税务实践提供坚强保障。国家税务总局党委书记、局长胡静林作工作报告，中央纪委国家监委驻国家税务总局纪检监察组组长、税务总局党委委员李建明讲话。

20日—21日

国家税务总局党委书记、局长胡静林实地督导河南省税务局党委民主生活会，并到基层一线调研，看望慰问基层税务干部。胡静林强调，要深入学习贯彻习近平总书记在中央政治局民主生活会上的重要讲话精神，认真落实党的二十届三中全会、中央经济工作会议以及二十届中央纪委四次全会部署要求，按照全国税务工作会议和税务系统全面从严治党工作会议安排，持续巩固深化党纪学习教育成果，高标准推进中央巡视整改，更加自觉建强政治机关，深入实施数字化转型条件下的税费征管“强基工程”，不断推动税务工作取得新成绩、迈上新台阶。

2月

20日

中国税务学会九届二次理事会议暨学会成立40周年深化财税体制改革研讨会在京召开。会议深入学习贯彻党的二十届三中全会和中央经济工作会议精神，认真落实全国税务工作会议部署，总结40年来中国税务学会发展历程和宝贵经验，研究谋划当前和今后一个时期学会重点工作，积极围绕深化财税体制改革服务中国式现代化建言献策。国家税务总局党委书记、局长胡静林出席会议并讲话。

25日—26日

中国注册税务师协会在北京召开第七届三次理事会暨2025年行业工作会议，深入学习贯彻党的二十大和二十届二中、三中全会精神，以及中央经济工作会议和中央社会工作会议精神，落实全国税务工作会议、全国税务系统全面从严治党工作会议部署要求，总结2024年行业工作，部署2025年重点任务。国家税务总局党委委员、副局长，行业党委书记饶立新出席会议并讲话。行业党委常务副书记、中国注册税务师协会会长刘丽坚作工作报告。

3月

25日

国家税务总局党委书记、局长胡静林主持召开党委（扩大）会议暨党建工作领导小组会议，传达学习中央及中央和国家机关工委有关会议精神，研究审议《全国税务系统开展深入贯彻中央八项规定精神学习教育实施方案》，部署抓好学习教育相关工作，以作风建设新成效确保党中央各项决策部署在税务系统落地落细，为高质量推进中国式现代化税务实践提供坚强保障。

17 日

国家税务总局局长胡静林在京会见哈萨克斯坦财政部国家收入委员会主席占多斯·杜伊森比耶夫。双方围绕加强在“一带一路”税收征管合作机制框架下的合作等议题进行了深入交流。

19 日

国家税务总局局长胡静林在京会见丹麦税务大臣拉斯穆斯·斯托克伦德。双方围绕税收征管数字化转型、国际税收改革等议题进行了深入交流。会议期间，胡静林局长与斯托克伦德大臣共同签署了《中华人民共和国国家税务总局与丹麦王国税务局双边税务合作谅解备忘录》。